U0510484

伊斯兰文化小丛书

穆斯林民族的觉醒
——近代伊斯兰运动

MUSILIN MINZU DE JUEXING
—— JINDAI YISILAN YUNDONG

吴云贵\著

中国社会科学出版社

图书在版编目（CIP）数据

穆斯林民族的觉醒：近代伊斯兰运动/吴云贵著．—北京：中国社会科学出版社，1994.11（2013.1重印）
（伊斯兰文化小丛书）
ISBN 978-7-5004-1476-6

Ⅰ．穆…　Ⅱ．吴…　Ⅲ．①穆斯林-民族解放运动-世界-近代　Ⅳ．K18

中国版本图书馆 CIP 数据核字（2008）第 190044 号

出版策划　任　明
特邀编辑　成　树
责任校对　安　然
封面设计　卓　尔
技术编辑　张汉林

出版发行　中国社会科学出版社
社　　址　北京鼓楼西大街甲 158 号　邮　编　100720
电　　话　010-84029450（邮购）
网　　址　http：//www.csspw.cn
经　　销　新华书店
印刷装订　北京兴怀印刷厂
版　　次　1994 年 11 月第 1 版　　印　次　2013 年 1 月第 3 次印刷
开　　本　787×1092　1/32
印　　张　4.125
字　　数　70 千字
定　　价　12.80 元

编 者 献 辞

三十年来，在改革开放的热潮中，我国学术界迎来了企盼已久的春光，相继出版了大量的多学科、不同层次的著作，为读者们提供了可贵的精神食粮，受到了欢迎和赞赏。然而相比之下，宗教读物尤其是有关伊斯兰教的著作，在我国文化市场上依然少见，难以满足读者的需求。为此，我们再次向读者推出这套通俗性的宗教知识读物，为我国文化事业百花园奉献一束小花，愿读者在涉猎中获得心灵上的启迪、情趣上的满足。

作为世界三大宗教之一的伊斯兰教，流传广泛，经久不衰，迄今仍影响着数以亿计的世界广大人口；千姿百态的伊斯兰文化源远流长、根深叶茂，对人类文明作出过巨大的贡献。作为一种文明方式，其相关研究不论在东方穆斯林世界还是在西方基督教世界，均已达到空前的规模，成为人类文化研究的重要区域，引起高度的重视。如今改革开放的大潮早已把国人推出家门、涌向世界，汇入人类文化的海洋；我国人民同发展中的伊斯兰国家的交往愈益增多，遍及政治、经济、外交、文教各个领域，甚至在看似无关的经贸交易、投资活动中也同样蕴含着包括宗教传统在内的文化因素，潜移默化地影响着人们的思想观念、经济决策、经济行为。这些都提示国人增强文化意识，涉猎国际文化知识，加深对伊斯兰文化的理解。

伊斯兰教步入华夏大地已有千余年之久，她已在这里生根，开花，结果。我国的回、维吾尔、哈萨克、柯尔克孜、塔吉克、乌兹别克、塔塔尔、东乡、撒拉、保安等 10 个民族几乎全民信仰伊斯兰教，中国伊斯兰教早已不再是异质的外域文化，而成为中华民族传统文化的一部分。饱受"十年动乱"之苦的我国各族人民珍视来之不易的安定团结局面，国家长治久安的大计更把各族人民兄弟般的团结提高到政治原则高度。而欲维护和加强民族团结，除了政治方向的一致性而外，不同民族之间还需要有心灵、情感、文化上的理解、交流、沟通，这也要求我们加深对作为我国少数民族文化传统一部分的伊斯兰文化的理解和尊重，以增强中华民族的内聚力，共同致力于国家现代化建设。

　　若本丛书能使读者开卷有益，能使读者拓宽视野、增进知识、奋发向上，我们将感到无限的欣慰。我们也热诚地欢迎读者对本丛书提出批评与建议。

　　　　　　　　　　　　《伊斯兰文化小丛书》编委会

　　　　　　　　　　　　2008 年 8 月 30 日

前　言

　　约自 18 世纪起，已经步入资本主义时代的欧洲列强，凭借其坚船利炮，不断向资源丰富的东方侵略扩强，用火与血写下了一段极不光彩的历史。1798年，拿破仑为与英国争夺东方市场，打开通向印度洋的航道，悍然侵占了名义上仍隶属于奥斯曼帝国的埃及。从此，已然四分五裂的伊斯兰世界每况愈下，它的大部分地区相继沦为西方列强的殖民地和半殖民地，丧失了政治独立和民族尊严。随着欧洲殖民制度的建立和巩固，伊斯兰教在失去政治庇护的困境下，开始受到外来殖民文化的剧烈冲击，陷入深重的政治危机、经济危机、思想文化危机。这种屈辱的历史际遇，穆斯林史学家们称之为伊斯兰教的"黑暗时期"。

伊斯兰教作为各穆斯林民族的主体文化，历史上曾经是一种高度发达的文化方式，具有长盛不衰的魅力。因而，当民族生存受到巨大威胁时，世界各地的穆斯林大众，尤其是那些富有威望和影响的宗教领袖和知识精英们，自然会从宗教信仰角度来回顾过去，反思现实，展望未来，希冀从自身文化传统中探寻救国救民、复兴信仰的途径。所以从18世纪下半叶起，在西亚、北非、中亚、南亚、东南亚等地，兴起了种种以复兴伊斯兰教、弘扬民族精神，反对殖民统治为主旨的社会思潮和运动，我们统称为近代伊斯兰教思潮和运动。它们的兴起，在很大程度上改变了传统伊斯兰教的形态、趋向和功能，为之带来了巨大活力，成为近代伊斯兰教史上的重大事件。

近代伊斯兰教思潮和运动尽管千差万别，但它们皆有一个共同的倾向，就是企盼通过复兴信仰来达到民族的复兴。这是穆斯林民族共有的一种宗教历史意识和文化心态。从总体趋势看，各种思潮和运动不外乎两大类：一种可称为传统主义，即在提倡改变与复兴的同时，尤为珍重和留恋传统伊斯兰文化的价值，其价值取向是内在的和历史的，对外来文化和伊斯兰文化中不合口味的内容采取批判和排斥的态度；另一种可称为现代主义，即在力主改革与复兴的同时，尤为重视时代精神，强调宗教应当与外部社会环境相趋同、相适应，其价值取向是现实的和开放的，对外来西方文化采取融合和利用的态度。

当然，各种思潮和运动由以产生的历史背景和具体内容多有差异，但它们皆离不开传统伊斯兰文化材料。例如有的以"圣战"方式来净化信仰，消除腐败，恢复伊斯兰教的本来精神，如发生于阿拉伯半岛的瓦哈比运动；有的热衷于修改带有民间崇拜色彩的苏非主义信仰和实践，以协调与"正统"的"官方"信仰的关系，如北非的赛奴西运动；有的以历史上在民间盛行的马赫迪（救世主）信仰为号召，组织民众，以达某种社会、政治目的，如苏丹的马赫迪运动，伊朗的巴布运动，印度的阿赫默迪亚运动；有的以共同的宗教信仰为纽带，旨在联合世界各地的穆斯林大众，组成统一阵线以抵御欧洲列强的侵略扩张，如阿富汗尼倡导的泛伊斯兰主义和泛伊斯兰运动；有的以发展科学、教育，弘扬理性，改革伊斯兰教与社会为主旨，以达到穆斯林民族的复兴，如兴起于印度、埃及等地的伊斯兰现代主义运动。从规模和影响上看，以泛伊斯兰运动和现代改良运动更为重要。从运动的性质看，有的侧重于思想文化，有的侧重于社会、政治，但它们皆有一定的社会目标，没有一个是单纯的宗教运动，这是由包容一切的伊斯兰文化的本质特征决定的。

温故而知新。回顾近代伊斯兰教思潮与运动，有助于提高人们的文化历史意识，从而以发展、进化的眼光来观察、认识当代的伊斯兰文化，以稳健的心态、广阔的视野来对待外部世界的变迁，深化对作为人类文明、人类主要文化方式之一的伊斯兰教的理解。

目　　录

一、瓦哈比运动

18世纪中叶，在阿拉伯半岛上发生了近代历史上首次规模较大的伊斯兰复兴运动，后人以运动领导者的名字，称为瓦哈比运动。因运动提倡恢复伊斯兰教初创时期的素朴信仰，今人也有以原教旨主义运动相称的。

1. 瓦哈布其人

运动的领导者阿布杜勒·瓦哈布（1703—1791），出生于阿拉伯半岛纳季德地区利雅得附近的艾叶纳一宗教学者世家，属于塔米姆家族的分支。祖父是纳季德地区知名宗教学者，父亲是罕百勒学派学者，曾任艾叶纳城守教法官，叔父也是当地知名学者。瓦哈布自幼受家庭的熏陶，儿童时代就能背诵《古兰经》，并按时去清真寺礼拜。早年求学于麦地那，后来周游各地，曾在伊拉克的巴士拉作过4年家庭教师，在巴格达居住过5年，并与当一富户人家的女子结婚成家，旋赴库尔德斯坦、哈马丹、伊斯法罕、库姆等地访问。在游学伊斯法罕的4年间，瓦哈布曾系统地学习过伊斯兰哲学、照明哲学和苏非神秘主义教理，深受苏非派的影响。其后在游学库姆期间，他在宗教思想上开始发生转变，成为罕百勒教法学派的热烈拥护者，并萌生宗教改革思想。

当时的阿拉伯半岛仍是一块贫困落后之地，部落原始崇拜仍很流行。瓦哈布在周游各地过程中，目睹了种种离经叛道的现象，诸如崇拜圣树、圣石、圣水，向苏非圣徒、圣墓顶礼膜拜等，心灵深处受到很大触动，决心学习伊斯兰教先知的榜样，以铲除异端邪说，复兴纯正的伊斯兰教信仰为终生使命。约于35岁时，他从外地回到纳季德，一面钻研伊本·太米叶（1263—1328）的著作，一面宣传他的宗教改革思想。最初，他曾获得某些成功，但不久就遭到当地保守派宗教势力的强烈反对，其中包括他的堂兄。后因与反对派发生流血冲突，他被地方长官驱逐出境，迁移到达尔伊叶，得到当地伊本·沙特酋长的大力的支持，继续从事宗教改革活动。瓦哈布一生写过大量著作，主要有《穆斯林名人录》、《质疑》、《先知正道简介》、《伊斯兰教三大要素》、《信仰基要》、《使者传》等。

2. 基本改革主张

在宗教思想上，瓦哈比运动的基本目标是批判当时盛行于阿拉伯半岛的苏非主义信仰和礼俗，恢复纯正的伊斯兰教信仰。为此，瓦哈布在著作和布道宣传中作过系统的论述，其基本思想可归纳为：正本清源、返朴归真，净化信仰、消除腐败。瓦哈布的追随者们自称为一神论者，主张仅以《古兰经》和逊奈为行教的根本依据，反对脱离经典的宗教生活，否认信仰者与安拉之间存有中介之说，谴责一切离经叛道的行为，主张以武力来弘扬纯正的伊斯兰教信仰。后人根据瓦哈比教派的历史文献，将该派具体的宗教主张概括如下：

（1）坚信认主统一，反对崇信伪神。深信除真主安拉以外，绝无神明；凡崇信伪神、以物配主者，皆应处以死刑。

（2）认为"人类的大多数"皆热衷于圣徒崇拜，企图以此获取神明的恩典，因而他们皆属《古兰经》里严词谴责的"以物配主者"。

（3）认为凡在礼拜时念诵先知、圣徒、天使的名字者，向安拉以外的伪神求情者，向一切伪神盟誓者，皆为以物配主的伪信者。

（4）认为凡承认非以《古兰经》、逊奈或必要的理智为基础知识的人，凡否认一切行为皆来自于主命者以及反对只根据经文来注释《古兰经》者，皆属异端信仰（外道）。

（5）主张以"圣战"来实践主命。认为宣布战争与和平是伊玛目（宗教领袖）的重大职责，无论何时，只要他认为战争有利于弘扬伊斯兰教，有利于保卫穆斯林民众的权益，他就有权宣布"圣战"，而每一个信士必须听从伊玛目的召唤，积极献身于"圣战"事业。这是必须履行的义务。

（6）反对当时广为流行的各种礼俗、恶习，主张净化宗教礼仪、民俗习惯。主要包括禁止吸烟、赌博、歌舞、佩戴首饰、穿着丝绸；禁止崇拜苏非圣徒、圣墓；反对禁欲、苦行、遁世等苏非主义宗教传统等。

3. 运动的过程和影响

　　瓦哈比运动的初期，仅仅满足于通过讲道来传播新的宗教改革思想，并未取得实际结果。只是在瓦哈布迁居达尔伊叶以后，在当地伊本·沙特酋长的支持下，运动才得以迅速发展。到达达尔伊叶后，瓦哈布赢得当地绝大多数村民的支持，在那里兴建起一座清真寺，成为宣传其宗教改革思想的场所。他的改革主张同伊本·沙特酋长统一阿拉伯半岛的政治愿望相吻合。后来，酋长将女儿许配瓦哈布为妻，进一步密切了二者的关系。不久，新兴的瓦哈比派便开始向外扩张。经过连年不断的征战，瓦哈比派终于夺取了利雅得，占领了纳季德的大片领土。1765 年，伊本·沙特去世，其子阿布杜勒·阿齐兹继位，仍以瓦哈布为宗教导师。次年，向圣地麦加派遣一个代表团，要求当地圣族首领谢里夫承认瓦哈比派教义，得到满意的回答。与此同时，瓦哈比派继续东征西伐，不断对外扩张，到 1773 年，已经控制纳季德的大部分领土。

　　瓦哈比运动兴起后，圣地麦加成为必争之地。瓦哈比军在东征西伐的同时分兵北上，到 1768 年，其势力已达到半岛东北部沿海地区，直接威胁到麦加。次年，麦加的新任谢里夫派兵进攻瓦哈比军，遭到失败，瓦哈比军继续向北部挺进。1792年，瓦哈比运动的精神领袖瓦哈布去世，时年89岁。其时瓦哈比派的军事力量已挺进至东部哈萨省，并多次越过边界侵入今伊拉克境内。瓦哈比派的崛起使奥斯曼帝国苏丹深感惶恐不安，乃于1797年下令巴格达总督派兵镇压。同年，一支由7000名士兵组成的军队被派往前线，协同当地的阿拉伯驻军进攻瓦哈比军控制下的哈萨省。但双方交火以后，巴格达总督反而采取妥协态度，双方达成为期6年的停战协定。1801年，瓦哈比军再次越境进入伊拉克境内，一举攻占什叶派圣地卡尔巴拉，扒倒伊玛目侯赛因陵墓的拱顶建筑，夺取大量战利品。此后，瓦哈比派的军事力量因纳季德的大部分游牧部落的加入而更为强大。1803年4月朝觐期间，瓦哈比军攻克麦加，麦加的谢里夫逃亡吉达。同年11月，瓦哈比运动的军政首领阿布杜勒·阿齐兹在达尔伊叶清真寺被一名狂热的什叶派穆斯林暗杀，由正在前线作战的王子沙特·本·阿布杜勒·阿齐兹继位。后来解除了对吉达的围攻，迫使逃亡至此的麦加的谢里夫俯首称臣。1804年，瓦哈比军夺取麦地那，捣毁伊斯兰教先知穆罕默德的陵墓，劫掠了墓地的全部物品，并将大批圣族显贵驱逐出境，从而控制了全部纳季德领土。

独立的瓦哈比国家的兴起，深重地打击了奥斯曼苏丹的统治。1811年，苏丹责令埃及总督穆罕默德·阿里率军讨伐。埃及远征军分陆海两路开进阿拉伯半岛，于历史上著名的白德尔战场附近遭到重创，几乎全军覆没。1812年，大批增援的埃及军队乘瓦哈比军北上之机，夺取了麦地那，次年攻占塔伊夫。1814年4月，国王沙特去世，其子阿布杜拉·本·沙特继位，继续与埃军周旋。1818年4月，瓦哈比派最后一个据点达尔伊叶被埃军包围，9月阿布杜拉战败投降，后于伊斯坦布尔被处决。至此，历史上第一个瓦哈比政权被推翻，代之以奥斯曼帝国的统治。但不久埃及军队撤离后，瓦哈比派再起，于利雅得附近建立新政权。1838年，继位的费萨尔国王在同埃军战斗中被俘，被解往埃及，后设法逃回，继续领导瓦哈比运动。1849年，最后一个埃及总督被迫撤离埃及，从此瓦哈比派开始恢复在阿拉伯半岛上的统治。在其后数十年间的斗争中，瓦哈比运动内部曾出现分裂，以拉希德家族为首的一派不再奉行瓦哈比派的"圣战"传统，得到奥斯曼帝国驻麦地那总督的支持，于19世纪末推翻瓦哈比派的利雅得政权。

1902 年，逃亡科威特的瓦哈比派首领阿布杜勒·阿齐兹二世返回故土，召集旧部收复利雅得。为恢复沙特家族的统治，他再度诉诸“圣战”，于 1910 年创建了生产与军事相结合的兄弟会式组织（伊哈瓦尼），使瓦哈比派宗教传统得以发扬光大。此后瓦哈比派又同奥斯曼军队和得到英国庇护的麦加的谢里夫进行了长期的斗争，直到 1926 年沙特家族才确立了对希贾兹、纳季德和阿西尔的统治地位。

瓦哈比运动不仅是近代伊斯兰教历史上规模宏大的一次宗教改革与复兴运动，而且也是一次以宗教为旗帜的、带有民族主义色彩的社会政治运动，其影响是多方面的。运动的直接结果，是经过长期、曲折的军事斗争，终于推翻了奥斯曼帝国在阿拉伯半岛的统治，建立了阿拉伯人执政的、独立的民族国家。从此，瓦哈比派教义成为沙特阿拉伯王国的国教，确立了政教合一的国家体制。瓦哈比运动发生于伊斯兰教的发源地，其宗教改革与复兴思想影响尤为深远广泛。世界各地的穆斯林通过一年一度的朝觐活动，云集于圣地麦加，广泛交流思想，归国后便把运动的盛况介绍给国内宗教界；各地来麦加、麦加那游学、访问的伊斯兰学者，也不断通过著译活动传播瓦哈比派的改革主张。此外，瓦哈比派为寻求各国穆斯林的理解、支持，还经常向世界各地派遣布道使团，宣传其改革与复兴思想。所以，近代以来瓦哈比派所开创的宗教改革与复兴的思潮，对世界许多地区的穆斯林皆有明显的影响，成为各地穆斯林效仿的榜样。例如，19世纪上半叶发生于印度西北部的"圣战者运动"，发生于印度尼西亚苏门答腊地区的"巴德利运动"，发生于北非的"赛奴西运动"以及稍晚在中国西北地区兴起的伊合瓦尼教派等，皆直接受到过瓦哈比运动的影响。

在宗教思想文化传统方面，瓦哈比运动的影响主要有以下几方面。首先，以批判的态度来对待伊斯兰文化传统。瓦哈比派在宗教思想传统上属于逊尼派四大教法学派中的罕百勒学派，该派在后期发展中曾受到14世纪著名教法学家伊本·太米叶的影响，尤为强调信仰的纯洁性、正统性，反对各种"异端邪说"。针对伊斯兰教历史上广为流行的苏非主义传统，特别是圣徒崇拜、圣墓崇拜习俗，瓦哈比运动采取严厉的批判态度，这与逊尼派权威大师安萨里（1058—1111）所开创的容忍、融合苏非主义的思想传统大相径庭。这种批判态度包含有对苏非派消极遁世、不求进取的人生态度的否定，代之以积极干预现实的务实精神。其次，强调以《古兰经》为信仰的唯一基础。历史上伊本·太米叶针对盲目遵从古人的思想，曾提出仅以经典的字面意义为信仰依据的主张，辅之以理性的解释。瓦哈比派在此基础上提出"回归古兰经"的口号，主张根据经典中的本义，独立地解释经典，不盲目遵循以往经注学家们的注释。这种提倡独立思考、独立判断的态度，有助于冲破中世纪的思想禁区，根据现实情况灵活地解释伊斯兰教传统，对后世影响很大。后来兴起的伊斯兰现代主义、原教旨主义在思想渊源上皆同瓦哈比派相通。第三，托古改制的思想。瓦哈比运动以净化伊斯兰教信仰为主旨，采取的是"托古改制"的方式。运动不仅对苏非传统采取批判态度，对现实中一切"离经叛道"的行为同样不表温情。瓦哈比派所欲复兴的是伊斯兰教初创时期纯正、素朴的宗教教义，公正、稳定、正教合一的政治制度，平等、和睦、团结互助的人际关系。它所采取的"托古改制"的传统方式，所提倡的正本清源、返朴归真的原教旨主义态度，后来成为一种影响广泛的复兴与改革的模式。瓦哈比运动既主张宗教改革，又主张复归古老的传统，因而人们常把它划归复古主义思潮。从瓦哈比派的崛起中，人们可以看到早年阿拉伯穆斯林对信仰的执著追求，对早年文化传统的热烈依恋。

瓦哈比派教义至今仍是沙特阿拉伯王国的国教，对国家的政治与社会生活具有广泛的影响。历史在发展，时代在前进，人们的宗教观念也在不断地变化。古老的伊斯兰文化传统如何适应现代化进程的需求，也是当今沙特阿拉伯和整个穆斯林世界经常思考的课题。

二、圣战运动

"圣战"（吉哈德），阿拉伯文原意为"尽力而为"，原指伊斯兰教创始人、先知穆罕默德为捍卫伊斯兰教信仰与麦加多神教徒进行的战争；后指在伊斯兰教旗帜下为弘扬主道而进行的战争。按照《古兰经》和圣训的规定，为弘扬主道而战是每一个穆斯林应尽的宗教义务。历史上对圣战观念多有不同的解释，以"圣战"名义进行的战争既有正义战争，也有非正义战争，不可一概而论。近代以来，随着瓦哈比运动的蓬勃兴起，古老的圣战观念再度复活，成为改革与复兴伊斯兰教经常采取的重要方式。这里仅就受瓦哈比运动影响而发生的三次圣战运动作一简要的介绍。

1. 印度的圣战者运动

　　19 世纪上半叶，在印度西北部兴起一次规模较大的伊斯兰复兴运动，因运动的参加者自称为"圣战者"（穆贾希定），史称"圣战者运动"。它的兴起同不久前发生于阿拉伯半岛的瓦哈比运动有一定关系，但基本上是印度社会的产物，同近代印度著名穆斯林学者瓦利-乌拉（1702—1762）的宗教思想有直接的渊源关系。

　　印度是个多民族、多种不同宗教信仰并存的文明古国。近代长期统治着印度大部分地区的莫卧儿帝国是个伊斯兰封建王朝，但因穆斯林在全国人口中居于少数，他们在同人数众多的印度教居民共同生活中，必然会受到印度教文化的影响，在信仰和礼俗上不可能"纯而又纯"。17 世纪中叶，在内战中夺取政权的奥朗则布皇帝（1658—1707 年在位），当政伊始便在伊斯兰教王公贵族的支持下，实行带有宗教歧视、民族压迫性质的政策，沉重的捐税、连年的战争引起强烈不满，各地起义接连不断。早在 1656 年，德干高原西部的马拉塔人就发动起义，建立独立国家。1705

年，旁遮普地区的锡克教徒在教祖领导下举行起义，坚持10年之久，再次使莫卧儿政权遭到沉重打击。1707年，奥朗则布皇帝死后，昔日强盛的莫卧儿帝国渐趋解体。

莫卧儿帝国的衰落使印度伊斯兰封建贵族失去强有力的政治依托，昔日统一的穆斯林社团也变得四分五裂，信仰松弛，道德沦丧，引起精神危机。在此困境下，印度伊斯兰教界一批正统的宗教学者企图复兴纯正信仰，重振宗教道德，强化各项宗教制度，以挽救帝国的危机。其代表人物是瓦利-乌拉。他开创的瓦利-乌拉学派，成为前现代印度伊斯兰教历史上最有影响的一个学派。

瓦利-乌拉出生于德里的一个宗教学者家庭，其父是著名的教法学家，曾在奥朗则布时代参与《伊斯兰法典》的编纂工作。他在青年时代受过系统的宗教教育，曾游学于麦加、麦地那，后来成为一位博学多才的伊斯兰学者。在宗教思想方面，瓦利-乌拉的影响是多方面的。他生活在奥朗则布皇帝死后的衰落时期，为恢复莫卧儿帝国荣耀，他曾提出过一系列改革与复兴伊斯兰教的主张。他在著述中谴责封建贵族放荡无羁的生活，同情下层民众的疾苦，呼吁统治者实行仁政，减轻人民的负担。他把帝国的衰落归诸于统治者的腐败无能、信仰的松弛、宗教道德的沦丧，主张恢复伊斯兰教的纯洁信仰，加强宗教思想统治。为加强帝国的统治，他一方面寄希望于武力征服，呼吁统治者强化伊斯兰教法，号召穆斯林为弘扬主道而参加对马拉塔人的"圣战"；另一方面，他又在新的历史条件下，重申伊斯兰教的"普世哈里发"学说，为莫卧儿王权的合法性寻求根据，宣称臣民即使对不义的君主，亦不得举兵反叛。为增进印度穆斯林的团结、统一，瓦利-乌拉提出了两点主张。一是在逊尼派内部，他主张以圣训学为教法学的基础，以克服逊尼派四大教法学派之间的对立情绪，增强内部团结，一致对外。二是在制度化的伊斯兰教与苏非信仰的关系上，他主张融合苏非主义。为此，他在著作中对苏非大师伊本·阿拉比（1165—1240）的学说予以新的解释，认为"存在单一论"与"见证单一论"互为补充、相辅相成，从而既坚持他的前驱者、印度著名伊斯兰学者希尔信迪（1563—1624）的"见证单一论"，又不绝对排斥带有泛神论之嫌的"存在单一论"。与此同时，他提出印度各苏非教团在道统上皆源自先知，应当在共同遵循"穆罕默德之道"的基础上融为一体，并在遵循经训、教法的基础上向逊尼派靠拢，以增强穆斯林社团的团结统一。

瓦利-乌拉故后，其学派继续发展，于19世纪初达到极盛，终于引发了旨在复兴纯正信仰的"圣战者运动"。运动的主要领导者赛义德·阿赫默德是瓦利-乌拉之子阿布杜勒·阿齐兹的得意弟子，他于1807年加入该学派的核心组织，被视为领导运动最合适的人选。他的两个弟子、瓦利-乌拉的孙子谢赫·伊斯迈尔和阿布杜勒·哈耶作为助手，也参与了运动的筹划工作。经过长期的思想准备，于1822年，赛义德·阿赫默德在同他的两个弟子一起赴麦加朝觐之前，以《古兰经》启示为据撰著了《正道》一书，后来成为运动的指导思想。之后，其弟子谢赫·伊斯迈尔以祖父瓦利-乌拉的《一神论者之瑰宝》为底本，撰著了《信仰之坚振》，被誉为运动的另一部经典之作。这两部著作，继瓦利-乌拉之后，继续坚持瓦利-乌拉学派的正统教义思想，力主融合苏非主义信仰和实践。书中提出，印度的三大苏非教团（卡迪里、契斯提、纳克什班迪教团）除有各自的道统源流外，它们在内省宗教经验上皆同"先知之道"（圣行）相通，而先知之道的里义是严格遵循伊斯兰教法。故此，所有苏非教团皆属"遵法派"教团，应当合而为一，不应宗派林立、纷争不已。

自麦加朝觐归来后，可能是受到瓦哈比运动的鼓舞和影响，圣战者运动开始从思想发动转向实际行动阶段。受总部派遣的布道师团深入印度北部的各个城镇村落，直接向下层的穆斯林民众进行宣教布道。他们在各地的讲道中，宣讲以《古兰经》、逊奈为基础的伊斯兰教基本信仰，号召民众遵从伊斯兰教法，做一个虔诚的穆斯林。在宣教中，他们尤为强调复兴认主独一的纯正信仰，动员民众以实际行动来抵制各种"以物配主"的行为和非伊斯兰教的礼俗，包括盛行于苏非教团中的圣徒崇拜、圣墓崇拜，源自什叶派传统的纪念先知穆罕默德的节庆活动以及受印度教影响的一些习俗，如朝拜印度教神祇、圣地，呼喊印度教口号，庆祝印度教节日，向印度教僧侣婆罗门占卜吉凶等。如同瓦哈比运动一样，圣战者运动也以提倡一神论信仰、反对多神崇拜为宗教改革的主旨。但不同的是，它所抵制的"以物配主"主要是指来自印度教的外来宗教影响，而对苏非信仰则较为温和，对信奉印度教的居民也采取宽容态度。

圣战者运动的改革方案包括两方面的目标，这是根据瓦利-乌拉的宗教政治思想中"不完善国家"与"理想国家"的区别标准制定的。前者相当于传统上所说的"敌占国土"，指的是在英国殖民者或非穆斯林占领下的领土；后者相当于传统上所说的"伊斯兰国土"，指的是印度穆斯林聚居的地区。运动的目标在于通过不断的努力来改变"不完善国家"的面貌，并通过"圣战"在条件成熟的地方建立理想中神权政体的"正义之国"。为此，圣战者们以村落为基地，在非穆斯林统治区建立自治的圣战者基层组织，以清真寺为活动中心组织民众，还设立独立的伊斯兰法庭，在穆斯林居民中实施伊斯兰教法，逐步建立武装力量，以发动"圣战"。至于运动的第二步目标，即建立独立的穆斯林政权，则长期未作出决定。后来他们选定印度西北边境锡克教徒的聚居区为"圣战"的战场，认为锡克人的统治很不牢固，附近的帕坦族人从未屈服于外族统治，边境另一侧的阿富汗穆斯林也可能支持对异教徒的"圣战"。1830年，赛义德·阿赫默德宣布对锡克教徒举行"圣战"，一度占领白萨瓦，并在西北边境的山丘地区建立一个地方政权。次年，在锡克人的不断打击下，圣战者运动兵败于巴拉考特，赛义德·阿赫默德死于战场，运动以失败告终。从1840年到1857年，圣战者运动的残余分子曾以武装斗争来反对进驻旁遮普地区的英军，并因参加1857年的印度民族起义而两次遭到英军的镇压。1863年以后，凡参加过运动的，在全国各地皆受到残酷迫害。

圣战者运动虽以失败告终，但它对近现代印巴次大陆伊斯兰教的历史仍有久远的影响。它所开创的改革与复兴伊斯兰教的先例，成为近现代印度伊斯兰文化最重要的源泉，深深地影响着后来兴起的许多思潮和运动。

2. 印尼的巴德利运动

古老的"圣战"观念，甚至在遥远的南洋群岛，同样有不容忽视的影响，它不仅成为印尼穆斯林宗教改革与复兴采取的主要手段之一，而且也是他们反对外来殖民统治的精神武器。19世纪，在南洋群岛的苏门答腊地区，曾发生过两次规模较大的"圣战"运动，首次是"巴德利运动"。

苏门答腊西海岸的米南卡包地区，原为印度教的满者伯夷王朝的领地，居民多信奉印度教。15世纪后期，满者伯夷瓦解，相继在印尼各大岛屿兴起众多的伊斯兰教苏丹国。其中在苏门答腊地区，以亚齐苏丹国最为强盛，但其势力尚未达到全岛。满者伯夷衰亡后，米南卡包地区出现伊斯兰教化的势头，当地的封建领主企图借助宗教势力来维护自己的经济利益。结果，在不同政治、文化传统的较量中，形成三种社会法制并存的局面：伊斯兰封建主控制的地区实行宗教法制，以伊斯兰教法为行为准则；当地旧王室控制的地区实行世俗法制，旧王室的残余分子仍有影响；山区和乡村地方势力控制的地区沿用当地的习惯法，实为地方自治。米南卡包地区的经济发展长期依赖于当地的金矿和外贸收益。但自 18 世纪末，黄金资源日渐减少，而咖啡、制盐、纺织等新兴工业部门则不断兴起，发展很快。新兴的工厂主企望利用正在崛起的伊斯兰教势力来维护自己的社会地位和经济利益，成为伊斯兰复兴与改革运动的社会基础。1803 年，三位自麦加朝觐归来的哈吉，在不久前发生于阿拉伯半岛的瓦哈比运动的影响下，开始在米南卡包地区宣教布道，向当地民众传播瓦哈比派宗教教义。他们在当地居民中发起一个净化信仰的运动，教诲人们戒绝赌博、斗鸡、酗酒、抽烟、吸鸦片等恶习，改革以母系制度为基础的遗产继承制度，要求人们恪守伊斯兰教的礼仪制度、社会法制、伦理道德。但不同于瓦哈比运动，他们不反对苏非主义信仰，不限制圣徒崇拜、圣墓崇拜。这一自发的净化信仰运动，后人称为"巴德利运动"，得名于亚齐的巴德利港。因为运动的领导者是从该港渡海到圣地麦加归来的宗教导师。

　　巴德利运动的和平宣教遭到抵制后，便转向"圣战"，以武力强制推行改革，发展很快，归顺者甚众，而抵制改革的旧王朝人士大部分被杀，少数逃往外地。当运动扩展至苏门答腊中部信奉原始宗教、巫术和印度教的马拉塔人居住区时，由于宗教文化传统迥异，遭到当地居民的顽强抵制，进展缓慢。1819年，荷兰军队开进巴东地区，公开支持战败的旧王室的残余势力。1821年，双方签订条约，满者伯夷的王公贵族将早已不在其控制下的米南卡包领地"转让"荷兰人。此后不久，荷兰军队向巴德利运动大举进攻，巴德利民兵在亚齐穆斯林的支持下，奋力反抗，战争一直继续到1837年最后一个堡垒朋佐尔失陷。巴德利运动失败后，荷兰人在米南卡包建立殖民统治，故意抬高当地习惯法的地位，限制伊斯兰教的传播、发展。这一排斥伊斯兰文化的殖民政策，使当地的穆斯林尤为珍视传统信仰。自19世纪40年代起，在改革运动中一度起主要作用的沙兹里苏非教团影响日衰，渐为更接近逊尼派传统的卡迪里教团和纳克什班迪教团所取代。

3. 西非的圣战运动

近代西非洲伊斯兰教历史上，"圣战"运动是传播、强化伊斯兰教信仰的基本方式之一。19世纪下半叶英国殖民者入侵西苏丹前，"圣战"的目的在于传播与净化伊斯兰教信仰，而欧洲殖民化过程开始后，"圣战"又成为捍卫信仰、反对殖民统治、争取民族独立的重要手段。这里述说的是，19世纪上半叶欧洲殖民主义入侵前，西非历史上规模最大的一次"圣战"运动，发生于今尼日利亚豪萨族国土上的一次"圣战"运动。

历史上居住在今尼日利亚北部索科图地区的豪萨族长于经商，在北部各部落中地位显赫，豪萨语作为通商语言通用于西苏丹，豪萨商人活跃于自几内亚湾到埃及开罗的广阔地区。13世纪，伊斯兰教自埃及和北非传入西非，大部分豪萨族人改奉了伊斯兰教，于15世纪成为强大的伊斯兰王朝桑海帝国的属民。到19世纪初，在整个豪萨语族地区，除中部几个小王国仍以多神崇拜为居民的宗教信仰外，东部和西部皆已伊斯兰化，形成带有地方民族特色的伊斯兰文化。正是在信奉非洲原始宗教的中部地区，掀起了一次旨在改变信仰的"圣战"运动。

在中部古比尔王国中，住有一支富拉尼人，他们原来居住在塞内加尔河流域，属于黑人游牧民族，后与自北非南移的柏柏尔人通婚，形成混血、浅肤色的富拉尼人。14世纪至15世纪，大批富拉尼人迁居今尼日利亚北部的豪萨语族居住区，并在桑海王国统治时期改奉了伊斯兰教。约于17世纪，一支富拉尼族穆斯林自北部南迁，于18世纪下半叶成为中南部豪萨语族的古比尔王国的望族。当时，古比尔王国的众多的氏族，虽然也属于富拉尼人，但他们皆属游牧民族，较少受到伊斯兰教的影响。而自西北部迁居至此的这支富拉尼穆斯林则不同，他们不以放牧为生，而以从事伊斯兰教学术活动为职业，出了不少学者和宗教导师，成为在豪萨语族国土上开展伊斯兰教教育的主要力量。19世纪初，今尼日利亚北部的富拉尼族人兴起，以"圣战"方式，征服南部的豪萨族人，在西起尼日尔河，中至札姆法拉河，北至利马河的广阔地区建立起一个强大的富拉尼王国。这场"圣战"运动的领导者是西非的一位著名伊斯兰学者，豪萨语名字叫奥斯曼·丹·福迪奥。

丹·福迪奥约于1754年出生于富拉尼族的福迪

阿瓦家族一宗教学者世家。在他出生之时，福迪阿瓦家族早已成为尊崇马立克教法学派的一个名门望族，在豪萨族的古比尔王国地位显赫，与王室过往甚密。青年时代，丹·福迪奥受过系统的伊斯兰教教育，在遵从马立克教法学派传统的同时，深受苏非派的影响，后来加入苏非派的卡迪里教团，并深受马赫迪（期待的救世主）复临思想的影响。当时，伊斯兰教已在豪萨语族各国中产生广泛的影响，但古比尔王国政权仍掌握在豪萨贵族之手，自北非而来的人数众多的伊斯兰学者受王室的保护，不断开展传教活动。在豪萨诸小王国中，以古比尔王国最为强大，经常向邻国扩张，抢劫商队，致使昔日繁荣的商贸中心遭到破坏，直接损害了以经商为主的豪萨族人的利益。而古比尔王公贵族的统治方式、生活方式，也经常引起学识渊博、信仰虔诚的伊斯兰学者们的不满，不同文化方式间的裂痕不断扩大，冲突时有发生。

18世纪下半叶至19世纪初，丹·福迪奥生活的时代，由于瓦哈比运动的兴起，复兴与改革伊斯兰教的思潮和运动在世界各地此伏彼起，发展迅猛。在瓦哈比运动影响下，以埃及艾资哈尔大学为中心，新苏非主义在整个北非蓬勃兴起，新兴的哈尔瓦提、提加尼、赛奴西等教团，皆在内部接受了许多改革思想，并赋予古老的卡迪里等教团以新的活力，这些复兴与改革的浪潮对西非影响尤深。1785 年 11 月 4 日，标志着伊斯兰教进入第 12 个世纪。传统上许多穆斯林相信，每一千年伊斯兰教就会出现一位"复兴者"（穆贾迪德）或马赫迪。这种信念同"圣战"观念相结合，在西非各地广为流传，成为布道的主要话题。在古比尔王国的富拉尼穆斯林民众中，人们深信丹·福迪奥就是信仰的"千年复兴者"，众人期盼的救世主马赫迪。丹·福迪奥否认自己是马赫迪。但他向人们宣布，复兴的时代已经到来，他本人便是最后一位复兴者，在他之后便是众人期盼的马赫迪。他在布道中宣称，伊斯兰教进入复兴时代有 10 大迹象，末日审判的时刻即将来临，那些漠视信仰和真主法度的为富不仁者，滥用国家权力、以谎言代替真理者，那些至死仍不忏悔的"罪人"，将被投入痛苦的火狱；而那些遵从主命、坚信主道的信士，将在幸福的天园中获得永生。丹·福迪奥还宣布，他在同教祖卡迪尔·吉拉尼（卡迪里教团创始人）的"灵交"中获取了"真理之剑"，用以对付"真主的敌人"。

从 1774 年到 1804 年，丹·福迪奥从未间断宣教布道活动，吸引了众多的追随者，其中包括少数王室成员，如他的弟子云法为古比尔国王的孙子。丹·福迪奥曾企图通过教化、说服的方式来改变王室的态度，但他与王室的关系愈益紧张，不得不诉诸武力。1797 年，丹·福迪奥向信徒发出号召，要求他们为"圣战"做好准备。但 7 年以后，直到 1804 年在发生多次冲突之后，丹·福迪奥才率领信徒和族人迁居边疆地区，他们称此地为"伊斯兰国土"，而把古比尔王国称为"敌占国土"。从此，一场大规模的"圣战"终于爆发了。

战争初期以争夺尼日利亚北部的平原地区为主要目标，以便控制各地的商业城镇。丹·福迪奥率领的穆斯林联军，包括以伊斯兰学者为主的骑兵、由富拉尼牧民组成的弓箭手、由支持"圣战"的豪萨农民组成的步兵和盟军图阿里格人。他们于首战告捷后遭遇两次失败，大批伊斯兰学者战死。后以训练有素的武士为主要战斗力量，经过 4 年的奋战，穆斯林联军于 1808 年攻占古比尔的首都阿尔卡拉瓦。此后，他们又在富拉尼氏族首领指挥下四面出击，以"圣战"名义推翻卡诺、巴乌齐、札里亚等豪萨城邦国家，甚至在遥远的波尔努王国内，也发生了富拉尼族人的暴动。各地氏族首领作为"信士的统帅"的旗手，他们与丹·福迪奥之间是一种联盟关系，他们所创建的国家实为独立政权。到 1812 年，富拉尼帝国正式形成。哈里发国家由两部分组成：西南部以关杜为首府，由丹·福迪奥的兄弟阿布杜拉·本·穆罕默德统治；东北部以索科托为首府，由丹·福迪奥的次子穆罕默德·贝洛统治。丹·福迪奥名义上是全帝国的哈里发，但他不亲理朝政，晚年专注于宗教学术研究和著述。

丹·福迪奥领导的"圣战"运动，后来在西非宗教、政治生活中产生了广泛的影响。经过"圣战"，富拉尼人将分散的、各自为政的城邦国家联合为统一的帝国，伊斯兰教由少数人的信仰转变为国家的意识形态和居民的文化方式；王权的建立极大地抬高了宗教学者的地位，在"圣战"中得到弘扬的卡迪里教团影响日强，成为西非主要的苏非教团之一；在这次"圣战"的激励和影响下，丹·福迪奥的弟子们和卡迪里教团的宗教导师们于1818年和1850年又在西非发动两次规模较大的"圣战"，使"圣战"成为改革与复兴信仰的重要手段。

三、赛奴西运动

近代伊斯兰教历史上，宗教改革与复兴运动蓬勃兴起，连绵不断。从宗教形态上看，如果说制度化的伊斯兰教的改革与复兴是以 18 世纪的瓦哈比运动为先河，那么大众层面的伊斯兰教内部的改革则是以苏非信仰的自我更新、自我调整、自我完善为主要体现。苏非传统内部的改革运动，就规模和影响而论，当首推 19 世纪上半叶发生于北非的赛奴西运动。

1. 新苏非主义的兴起

所谓苏非主义是西方学术界对伊斯兰教内部一种宗教形态、信仰体系的称谓，它并非植根于伊斯兰教之外的一种"标新立异"，而是与"官方"信仰体系并存的大众伊斯兰信仰和崇拜的一种形式。历史上几乎就在伊斯兰教兴起后不久，其内部就时明时暗地存在着两种不同的倾向。一种在提倡内心诚信的同时，尤为重视信仰的外在形式和信仰者个人的行为，后来发展为制度化的伊斯兰教，即以经、训、教法知识为主要体现的信仰体系，其知识传统即今人所熟悉的经注学、圣训学、教义学、教法学四个分支学科，而其代表则是始自 9 世纪的艾什尔里学派和逊尼派四大教法学派。另一种在提倡潜心功修的同时，尤为重视信仰的内在精神和信仰者个体人格的完美，希冀通过修炼达到与真主的精神的合一这一最高境界，获得精神、心灵、灵魂上的解脱、快慰和满足，这便是称之为"塔沙乌夫"的苏非信仰体系。制度化的伊斯兰教带有浓烈的政教合一特色，深受政治和外部社会环境的影响。因而，自 1258 年蒙古铁骑西侵、阿巴斯王朝灭亡后，制度化的伊斯兰教影响渐衰，代之而起的是千姿百态的苏非传统。苏非主义在其兴起之初，曾遭到正统观念较强的伊斯兰学者们的怀疑、谴责和压制，其内部也曾发生过分化，许多苏非信徒常以"遵法守礼"表明心迹，以期得到宽容和理解。与此同时，制度化的伊斯兰教内部也出现主张融合苏非主

义的潮流，到安萨里时代（1058—1111），苏非主义
开始被纳入正统信仰体系，取得合法地位，形成互为
补充、相辅相成的格局。但制度化的伊斯兰教与苏非
主义仍然是两种不同的宗教形态，二者之间时有
摩擦。

18世纪以后，随着瓦哈比运动的兴起，在整个
穆斯林世界出现了正本清源、返朴归真的原教旨主义
潮流，对苏非主义展开猛烈的批判，昔日和谐融洽的
格局不复存在。为了自身的生存和发展，苏非信仰传
统内部也出现了协调与适应的潮流，统称为"新苏
非主义"。新苏非主义以新兴苏非教团和接近逊尼派
传统的一些老苏非教团为代表，在道统源流、宗教教
理、礼俗制度上吸取了许多新思想。较之传统的苏非
信仰体系，新苏非主义具有以下特点：（1）主张以
《古兰经》、圣训为信仰的基础，不绝对排斥伊斯兰
教法，但对教法的某些原则如公议，主张予以新的解
释；（2）宗教思想传统上推崇安萨里，疏远带有泛
神论之嫌的伊本·阿拉比学说，主张以"见证的单
一"（现象一元论）来代替"存在的单一"（本体一
元论），强调功修的最终目的并非"人主合一"，而
是同真主精神的完美体现者、先知的精神或人格的合
一；（3）反对旧苏非信仰体系中的遁世、安贫、禁

欲、与世无争等消极的人生态度，提倡以现实主义态度直面人生、世界；（4）简化宗教礼仪，纯洁内部组织。有些苏非教团在瓦哈比运动的影响下，起来抵制、反对盛行于苏非派中的圣徒崇拜、圣墓崇拜，并对内部的礼仪、功修方式加以改革，使之更为简明、实用，有的主张只在宗教学者阶层中发展组织。

新苏非主义思潮通过收徒、布道、游学、朝觐圣地等方式，在南亚、中亚、西亚、北非、西非、东非等地产生了广泛的影响，在纳克什班迪、巴克利、沙曼尼、哈尔瓦提、卡迪里、提加尼、赛奴西等教团中影响尤为明显。它的兴起缓和了苏非信仰与制度化的伊斯兰教之间的对立情绪，成为19世纪下半叶伊斯兰现代主义运动产生前，世界各地伊斯兰复兴运动的基本历史背景之一。

2. 赛奴西运动的概况

赛奴西运动是18世纪新苏非主义思潮的产物，得名于运动的领导者、赛奴西苏非教团的创始人穆罕默德·伊本·阿里·赛奴西（1787—1859）。

赛奴西出生于北非摩洛哥的非斯。早年在经文学校受过正规的宗教教育，青年时代曾加入达尔卡维教团和提加尼教团，勤奋好学，博学多才，后来成为知名的圣训学家、教法学家。成名后曾在北非各地讲学，后游学于埃及开罗，因其学术思想触犯了当地艾资哈尔大学宗教学者的尊严，险遭谋害，被迫转移至麦加。在圣地麦加，得以结识许多知名学者，后拜苏非长老阿赫默德·伊本·伊德里斯为导师，成为伊德里斯教团（又名阿赫默德教团）成员。伊德里斯教团曾受到瓦哈比运动的影响，属于具有改革思想的新兴苏非教团。宗教思想上，该教团主张仅以经、训为行教、立法、释法的依据，否认作为教法次要渊源的公议和类比，而以"创制"（独立判断）取而代之。与此同时，该派亦谴责苏非派的圣徒崇拜、圣墓崇拜等习俗，甚至对先知穆罕默德，他们也不主张对之视若神明、顶礼膜拜。这些改革思想对赛奴西影响至深。1837年导师故后，赛奴西因生前未被指定为继承人，故而不悦，于次年在麦加一名为阿布—库巴伊斯的小山丘上自创教团组织，称为"札维亚"，开始布道、收徒，扩大影响。最初曾吸引一批信徒，但终因难以在异国他乡立足，乃于1840年离开麦加，在外地寻求发展。1843年，赛奴西率领一批信徒落脚于今利比亚东部边境地区的昔兰尼加，并在那里创建非洲的第一个"札维亚"。札维亚与当地农民、游牧民的生活方式相结合，成为军事、生产、宗教文化生活一体化的社会基层组织。札维亚的首领既是教团导师又是民众领袖，组织信徒开垦荒地、建立自卫武装、参加宗教活动。这种组织形式便于把分散的部落、部族联合起来，因而发展很快，到赛奴西去世时，已达100多个，信徒多达300万人，遍及北非各地。赛奴西教团仍以礼拜、赞念安拉为宗教活动的基本形式，相信不断反复地赞念真主之名，可以在短暂的失神状态下达到人主合一的最高精神境界。但在瓦哈比运动的影响下，该教团在许多方面又不同于老的苏非教团。如同瓦哈比运动一样，赛奴西运动也谴责崇拜苏非圣徒、圣墓，禁止信徒吸烟、喝咖啡、听音乐、穿奢华衣服，主张恢复早年伊斯兰教的素朴信仰；赛奴西虽不提倡以武力来传播伊斯兰教，但认为一旦遭到外敌的攻击，就必须以"圣战"来打击敌人，捍卫伊斯兰教；他深信伊斯兰教复兴的时代已经到来，广大民众盼望的救世主马赫迪即将复临人间，而他的信徒们相信，他的一个儿子穆罕默德·马赫迪就是人们期盼的马赫迪，在教主亡故（隐遁）后，他将继续完成教主的使命。

赛奴西教团除在北非致力于伊斯兰教的改革与复

兴外，还向西非、中非、西亚、南亚等地派遣布道团，发展组织，扩大影响，成为传播新苏非主义的一支重要力量。赛奴西原打算以阿尔及利亚为教团基地，后因阿尔及利亚已被法国军队占领，才以利比亚的昔兰尼加为教团总部。从昔兰尼加，大批布道团被派往世界各地，而以在西非影响更为广泛。除北非、西非、中非外，赛奴西教团在埃及、阿拉伯半岛、土耳其、东非的桑给巴尔、马来西亚等地也建有分支教团。1886年，为响应奥斯曼帝国苏丹鼓吹的泛伊斯兰主义，赛奴西教团决定吸收苏丹阿布杜勒·哈米德二世为教团成员。1898年，正式宣布承认奥斯曼苏丹为全世界穆斯林的哈里发，并在奥斯曼帝国首都伊斯坦布尔设立代表机构，以加强联系。1911年，意大利军队侵占利比亚，赛奴西教团的武装力量与奥斯曼军队联合抗击入侵者，进行顽强的"圣战"。后来奥斯曼政府军撤离，赛奴西教团成为反击外来侵略、维护民族独立的主力军。在其后的历史发展中，赛奴西运动成为利比亚民族独立的象征，赛奴西家族成为利比亚的统治者，所建的伊德里斯王朝直到1969年才为以卡札菲为首的一批青年军官所推翻。

四、苏丹的马赫迪运动

19世纪下半叶，在非洲东北部的苏丹，发生了一次规模浩大的民族起义。因起义以伊斯兰教为号召，起义的领导者穆罕默德·阿赫默德（1848—1885）自称"马赫迪"（穆斯林大众期待的救世主），史称马赫迪运动。

1. 运动的历史背景

约自13世纪，大批阿拉伯人自北部埃及南移，逐渐控制了今苏丹北部努比亚地区信奉原始宗教的黑人各部落，伊斯兰教开始在黑非洲居民中产生广泛的影响。15世纪，在苏丹出现了第一个幅员广阔的伊斯兰

教政权芬吉王国。1518年，芬吉苏丹国的努比亚地区
被奥斯曼军队征服，从此芬吉王国仅保持名义上的独
立，实为奥斯曼帝国的藩属国，埃及在苏丹的影响随
之减弱。19世纪，奥斯曼帝国日趋衰落，无力控制边
远地区的领地，新近崛起的埃及乘机向外扩张。1820
年，埃及总督穆罕默德·阿里（1805—1848年在位）
派兵吞并东古拉地区，此后又不断向各地推进，到
1849年穆罕默德·阿里去世时，埃及几乎控制了苏丹
的全境。埃及统治苏丹时期，松散的行政制度只是为
便于掠夺财富而建立的，埃及殖民官员在各地扶植代
理人，摊派苛捐杂税，从事象牙和奴隶贸易，首都喀
土穆是当时非洲最大的奴隶贸易市场。埃及殖民官员
腐败无能，行政管理松弛，全国一片混乱，盗匪四起，
饥荒不断，民不聊生，激起强烈不满。埃及殖民当局
为强化殖民统治，在苏丹伊斯兰教界中强制推行现代
主义宗教改革政策，要求当地的苏非教团"遵礼守
法"、接受改革思想，放弃苏非教团的圣墓崇拜、圣徒
崇拜等礼俗，向制度化的"官方"伊斯兰教靠拢。结
果引起教派纷争和分化：一些源自当地传统的苏非教
团愈益本地化，如沙曼尼教团愈加同当地的部落组织
相结合，在信仰和礼俗中保留有许多原始拜物教成分，
而支持改革政策的哈特米教团则在外来统治者的庇护

下，发展为全国性的组织。1882 年，英国以武力占领埃及后，企图以埃及为基地侵占苏丹。此前，英国势力早已通过埃及驻苏丹的殖民官员渗入苏丹，攫取了许多特权。英国殖民主义者和埃及官吏的专横统治、残酷掠夺，激起苏丹人民的强烈义愤，终于在 1881 年爆发了声势浩大的马赫迪运动。

2. 马赫迪运动的兴起

运动的领导者穆罕默德·阿赫默德是苏丹的东古拉人，出生于一个船工家庭。少年时代，受过传统的宗教教育，后因家境贫寒，长年在尼罗河沿岸过着流浪生活，深知穷人的疾苦。青年时代，流落于喀土穆，为寻求宗教的真理，曾加入过沙曼尼教团和伊德里斯教团。由于信仰虔诚、潜心修炼，经过 7 年的功修，被任命为沙曼尼教团的导师，获得作为教团象征的旗帜，获准独立布道、收徒。1871 年，穆罕默德·阿赫默德隐居于白尼罗河上的阿巴岛，在那里修建一座道堂，着手培训弟子、发展组织。后因不满于导师的世故，发生口角，被导师逐出教团。不久以后，他又加入一个与先师对立的沙曼尼教团的分支，

1880年导师故后，他被指定为哈里发，成为分支教团首领。

出任首领后，穆罕默德·阿赫默德开始广泛接触下层民众，在贫困的渔民中发展信徒。他在布道中谴责贪官污吏、为富不仁，揭露宗教上层的伪善，用宗教的语言诉说人间的不平，号召人民起来与外国统治者进行斗争。他对苏非之道的解释，不同于当时许多主张消极遁世、规避俗事俗物的苏非教团，而提倡以积极的态度来改变不合理的现实，进而把苏非信仰同政治与社会的变革紧密地结合在一起。当时在苏丹各地，人们都盛传救世主马赫迪即将光临的消息。为了发动民众，穆罕默德·阿赫默德于1881年3月向信徒们秘密昭示，他本人便是众人盼望的救世主马赫迪，号召人们忠于真主，以"圣战"来反对外国统治者，铲除蛮横、强暴和腐败，净化世界。最初他的所作所为并未引起统治者的注意，但在同年8月他公开宣称马赫迪之后，驻苏丹的埃及总督立即向阿巴岛派兵镇压。埃及远征军战败后，马赫迪率领信徒迁移到科尔多凡附近的卡迪尔山丘地带，建立宣传中心，不断向各地派遣信使，向人们传报马赫迪来临的喜讯，宣传一个新世界即将到来。马赫迪作为天使差遣人间的代表，还向人们公布了他在"灵交"中面见伊斯兰教先知和众天使的情景，呼唤人们迁移到卡迪尔山区，加入起义者的队伍。在其号召和影响下，苏丹全国各地揭竿而起，起义军在战斗中节节胜利，所向无敌。

从1881年到1885年为马赫迪运动的第一阶段。期间马赫迪转战于苏丹各地，多次击败英国和埃及的军队，将外国势力逐出苏丹。1881年1月，义军连续奋战5个月，攻克英军重兵设防的喀土穆，击毙英军司令戈登将军（镇压中国太平天国运动的刽子手），解放了绝大部分领土。此后，转入第二阶段，以建立政权、巩固胜利成果为主要目标。在同外国殖民者进行斗争的过程中，苏丹分散的诸多部落在马赫迪的义旗下，联合为统一的独立国家。新政权刚刚建立，马赫迪便于1885年6月去世，由阿布杜勒继位，改称哈里发，奠都喀土穆，所建政权成为一个政教合一的哈里发国家。起义过程中，逐渐形成一套适合斗争需要的、独特的马赫迪教义。马赫迪教派仍以《古兰经》为最高经典，但马赫迪有自己的启示录和律法。其基本信条包括信仰和服从救世主马赫迪，视为传达真主启示、复兴伊斯兰教的"引导者"，否认马赫迪为不容宽恕的"大罪"。马赫迪教义是在修改、融合传统信仰体系和苏非信仰的基础上制定的，

视为纯正的伊斯兰教的体现。主要包括：（1）反对
奢侈腐败，提倡过俭朴、圣洁的生活。认为较之来世
的福利，今生的物欲享乐是微不足道的。为打破贫富
差别，马赫迪要求信徒一律穿一种称为"珠巴"的
统一的服装，吃粗食淡饭，过俭朴生活。禁止举行婚
礼、葬礼，禁止蓄长发、祭奠亡灵和用草书写信。除
战时外，不得骑马，一律步行。（2）信徒之间互相
平等，禁止少数富人垄断社会财富，一切财富和战利
品归公共金库，实行原始共产制，由马赫迪统一分
配。（3）以经过修改和补充的伊斯兰教法为基本行
为规范。严禁偷窃、酗酒、吸烟，违者分别处以断手
刑或鞭刑。此外，要求信徒恪守两大美德（安贫、
圣战），规避三种邪恶（忌妒、傲慢、疏忽礼拜）。
另有"十戒"，其中主要是对妇女的道德要求，诸如
披戴面纱，不上坟祭奠死者，不索要高额财礼，按时
礼拜等。

　　马赫迪运动虽在军事上取得重大胜利，但在政治
和社会改革上并无重大建树，新国家的诞生并未给人
民带来实际利益。夺取政权以后，马赫迪独断专横，
实行封建家长制统治，人民继续负担沉重的赋税，部
落间的矛盾日益加深。马赫迪过世后，掌握军政大权
的新任哈里发更加专制、腐化，早年马赫迪运动的理

想早已荡然无存。他对信徒提出种种义务和很高的道德要求，而他本人则高高在上，为所欲为，不受任何约束。由于阶级对立，部落矛盾，派系纷争不断加深，国家的防卫力量受到削弱。1896年，英国政府出于内政、外交的需要，改变了"暂不干涉"苏丹的政策，决定派重兵镇压马赫迪运动。经过两年的战斗，马赫迪军队节节败退，后于1898年恩图曼战役中遭到惨败，马赫迪国家终于被英埃联军推翻。

马赫迪起义是近代苏丹历史上重大的事件之一。在其后的历史发展中，马赫迪的后裔仍是国家政治生活中的一支重要力量。第二次世界大战后苏丹取得独立，组成多党联合政府，由马赫迪的后裔创建的乌玛党（又名国民党）是反对党"民族阵线"的核心力量，曾长期同尼迈里为主席的执政党苏丹社会主义联盟对抗，并于1986年大选中获胜，成为苏丹第一大党，与民主党组成联合政府。但该党政治纲领已截然不同于早年马赫迪运动的革命精神。

五、伊朗的巴布运动

19世纪上半叶，在什叶派的伊朗爆发了一次声势浩大的宗教运动，因运动的领导者自称"巴布"，史称巴布运动或巴布起义。从宗教文化背景上看，巴布运动的兴起同伊朗什叶派内部谢赫学派的崛起密切相关，所以我们先从谢赫学派说起。

1. 谢赫学派的兴起

伊朗的穆斯林大多属于什叶派的主流派十二伊玛目派，在教法传统上分属于阿赫巴尔学派、乌苏勒学派和谢赫学派。阿赫巴尔学派为"圣训派"，主张以什叶派的"圣训"（称为阿赫巴尔）为伊斯兰教法知识的主要渊源，注重由本派伊玛目传述的圣训知识，排斥源自人的理性活动的推导知识。该派曾长期居于主导地位，后来随着乌苏勒学派的兴起日渐衰微，到卡加尔王朝（1779—1924）终于被乌苏勒学派所取代。乌苏勒学派因重视教法渊源或法理（称为乌苏勒）而得名，主张以《古兰经》、圣训、公议和理智为教法知识的渊源，力图把启示知识（经典）、传述知识（圣训）、推导知识（通过理性活动推导的间接知识）有机地结合起来。该派的兴起满足了力量日强的宗教学者阶层的愿望、利益和要求，成为影响广泛的主流派。继乌苏勒学派兴起后，谢赫学派在教义、法理和宗教知识传统上成为主要的反对派。

从源流上看，谢赫学派可追溯到 17 世纪的伊斯法罕学派（照明学派）和在其影响下兴起的"神智哲学"运动。伊斯法罕学派始创于 17 世纪初，以穆罕默德·巴基尔·阿斯塔拉巴迪（又名穆拉·沙德拉，？—1631）等一批知名宗教学者为主要代表人物。该派在发展过程中曾受到苏非神秘主义教理，特别是 12 世纪苏非大师苏哈拉瓦迪（？—1191）的照明哲学的影响，其中既有苏非派的认主学，又有波斯火祆教的天使说、新柏拉图学派的宇宙论和伊本·西

那（980—1037）的形而上学成分，亦曾受到伊本·
阿拉比（1165—1240）等苏非大师"完人"学说的
影响。神智学运动得名于"神智"一词，是一种宗
教学术运动，意在通过著述系统地阐释宗教知识的渊
源和认知方式。按伊斯法罕学派的解释，所谓神智是
指"神圣智慧"，即源自真主安拉的智慧、学问、知
识。作为一种宗教哲学，神智指的是非理性、非实证
的超验哲学。作为认主方式，神智指的是以真主所特
有的方式近主、认主、知主。因不满于十二伊玛目派
的宗教知识传统，神智学运动力图另辟途径，将当时
四种主要知识传统融为一体，即启示知识、传述知
识、推导知识和照明知识，而尤为重视通过直觉体
验、心灵感应获取的内省宗教经验知识，亦即经
"真主之光"的照射和启迪而获取的"真知"。神智
学运动结合什叶派传统，提出了许多不同于十二伊玛
目派的观点，主要是：（1）以"纯粹灵魂"为宇宙
万物存在的本体论的初因。认为真主创造宇宙万事万
物，最初是从创造"纯粹灵魂"开始的，计有14个
"纯粹灵魂"，即伊斯兰教先知穆罕默德、其女法蒂
玛和什叶派的十二位伊玛目。（2）相信存在先于本
质。认为宇宙万物并非静止不动的，凡属存在之物总
是在不断的变化，从浅淡变得强烈，从不完善变得完

善。（3）相信灵魂不灭之说。认为宇宙万事万物的本质是个体的灵魂，而灵魂可以不断进化，因而是永恒常在的，死后复活即个体灵魂的复活，而非肉体的永生不灭。

此外，神智学运动的主要代表人物穆拉·沙德拉还从苏非宗教哲学角度，论述了神智学的四个阶段，称之为"理性灵魂"的四段旅程。一是从受造物到真者。在此旅程中，信仰者脱离物质世界和肉体自我（灵魂），在寂灭状态下心灵达到与真主的合一。二是从真者到真者。在此旅程中，信仰者经过沉思得以认主、知主，达到圣徒的境界，故能听以主听、视以主视，完全寂灭于真主的本质、行为、德性之中。三是从真者到造化物。在此旅程中，旅行者从寂灭状态进入一般先知状态，虽不能颁布律法，但能够自由地遨游真主创造的各个世界，了解各个世界的本质和偶性及安拉的本质、美名和德性。四是从造化物到造化物。在此旅程中，旅行者进入先知状态，为人间带来律法，视见万物的本质，深知回归真主之道，故能为众人提供指导。

伊斯法罕学派不断发展，到 18 世纪下半叶形成谢赫学派，得名于创始人谢赫·阿赫默德·阿赫沙仪（1753—1826）。较之伊斯法罕学派，谢赫学派理论观点更为系统，同十二伊玛目派的分歧也愈加明显。该派基本主张包括：

（1）关于认主方式。认为欲认知某物，认知者必须同认知对象有相似性，既然人主之间无相似性，人当然也就不能认知真主的本质，人关于真主的知识只是基于个人想象的一种创造。在批判苏非派认主学的同时，该派又对十二伊玛目派知识传统提出异议，认为真主的知识有两类，一是与真主的本质不可分割的基本知识，常人无从了解；一是真主创造的知识，可以获得。

（2）关于对先知的认识。认为先知是人主之间的中介，他与常人之间毫无相似之处，即使苏非"完人"也不可能达到先知的境界。先知并非一位仅仅受真主派遣传达启示的"凡夫俗子"，他还具有独特的、超凡脱俗的德性和能力，常人无论如何净化自我的心灵，仍不可能达到如此高尚的境界。

（3）关于对伊玛目的认识。相信宇宙万物皆源自真主的意志，真主首先创造"穆罕默德之光"，由此而有诸伊玛目之光、普通信仰者之光，以至无穷。因此，伊玛目是真主创世的工具，也是宇宙万物存在的初因，人们只有通过伊玛目才能获得关于真主的某些知识，真主的恩典才能达到世人之中。

（4）关于对世界本性的认识。认为宇宙是由三个世界所组成：一是物质世界，二是精神世界，三是介于二者之间的原型世界；物质世界中的任何事物在原型世界皆有相应的原型，故此每个人皆有两个肉体，一个在物质世界，一个在原型世界。而什叶派穆斯林所崇奉的第十二代"隐遁"伊玛目，并非如传统上相传的，隐遁于常人难以达到的某个地方，而是生活在原型世界里。

（5）关于对来世生活的认识。认为十二伊玛目派关于末代"隐遁"伊玛目的信仰不合理性，应当重新予以解释。相信"隐遁"伊玛目并非肉身隐没于世间某个角落，而是生活在天体原型世界，世人虽不能与之晤面，但那些虔信伊玛目的圣者可以代行伊玛目的功能，在神秘主义的快慰中得到心灵上的平衡和满足。同样，传统上所说的来世生活（死后复活），只是人的"妙体"而非肉体在原型世界的一种际遇。而天园或火狱皆是因为人的行为而产生的归宿，但个人在原型世界中的来世生活既非天园亦非火狱。

谢赫学派一方面从教义思想中清除了许多苏非信仰因素，因而不同于伊斯法罕学派。但另一方面，它对当时居统治地位的十二伊玛目派的信仰体系、知识传统的批判态度更为严厉，二者间的对立和冲突实为巴布运动兴起的基本文化背景。

2. 巴布运动的始末

自 19 世纪 30 年代起，欧洲资本通过商品输出不断涌入伊朗，使伊朗的封建自然经济受到巨大冲击。商品经济的发展改变了旧有的土地关系，大批农民失去土地，生活没有保障，成为无家可归的难民。在外来商品竞争下，手工业者和小商贩也面临着破产的威胁。外国资本的侵入激化了伊朗的社会矛盾和阶级矛盾。1848 年至 1852 年，终于爆发了反封建压迫和残酷掠夺的巴布运动。

巴布运动的领导者赛义德·阿里·穆罕默德，出生于伊朗南部设拉子市一棉布商家庭。青少年时代，在当地一家店铺里学徒，后赴纳杰夫和卡尔巴拉（今伊拉克境内什叶派圣地）学习宗教知识和阿拉伯文。在其成长过程中，他曾深受谢赫学派的影响，成为一名忠实信徒。早在青年时代，他就撰著过《朝觐指南》一书，表达了他对什叶派"隐遁"伊玛目复临人间的信仰和期待。1844 年，适值什叶派第十二代伊玛目"隐遁"一千年，传统上许多穆斯林相信，每千年伊斯兰教就会出现一位复兴者。同年，他提出，在末代"隐遁"伊玛目与信徒之间存有中介，这个中介即四道相继出现的"门"（巴布），伊玛目在"隐遁"时期通过四座"门"与信徒保持密切的联系。其后他宣布，他本人便是"巴布"，人们通过这座"知识之门"完全可以了解伊玛目的旨意。不久以后他到麦加朝觐圣地时，更宣称自己是众人盼望的伊玛目马赫迪，负有使命，铲除人间不平，建立正义之国。他还断然肯定，真主只信赖一位经由"知识之门"到达"知识之门"者，而他本人便是一位受命于真主的马赫迪。按照什叶派圣训，真主是"知识之城"，而阿里（什叶派首任伊玛目）则是进入"知识之城"必经的门户。所以，巴布之说是有深厚群众基础的。消息传开后，人们奔走相告，信徒甚多，尤其是谢赫学派的成员，大多成为巴布的支持者。巴布还向各地派遣使徒，宣传其主张，影响相当广泛，据说在当时设拉子市清真寺里，人们在礼拜时皆赞颂巴布的名字。

巴布运动兴起后，统治者惊恐不安，不久便采取武力镇压。1847 年，一批巴布使徒被捕入狱，被砍掉双足，巴布本人也被囚禁于大不里士狱中。巴布在狱中以惊人的毅力完成了《默示录》的写作，后来被奉为巴布教派的经典。巴布在《默示录》中指出：人类各个时代依次传递向前发展，每一时代皆有特定的制度和律法，旧制和律法随着时代的结束而被废止，代之以新制和律法。但新的制度和律法并非由凡人制定，而只能由真主差遣的先知颁布，巴布便是奉真主之命颁布律法的新先知，《默示录》是高于一切旧经典的新圣经。因此，摩西的《旧约全书》、耶稣的《新约全书》、伊斯兰教的《古兰经》，皆须让位于《默示录》，现存的社会制度和律法也应按《默示录》的精神予以修订。

巴布企望创建的"正义之国"，反映了伊朗小商人、小手工业者和城市市民的意愿。在这个理想的国度里，没有剥削，没有压迫，没有欺诈，人人过着平等、幸福美满的生活。为实现他的社会理想，巴布提出过许多主张，包括保障人身自由，尊重财产所有权、继承权，以及偿还负债、支取商业利息、统一币制、修复交通等。在宗教思想上，巴布提倡简化宗教礼仪，取消妇女戴面纱等规定。巴布教派带有神秘色彩，尤为珍重神圣的数字"19"，一年为19个月，每月19天，由19名成员组成民众委员会，决定国家大事。

巴布原打算说服统治者，自上而下地实行他的改革主张。巴布入狱后，接替领导职务的侯赛因·穆罕默德·巴尔福鲁什被迫改变策略，转向武装斗争。1848年9月，巴布信徒于伊朗北部马赞德兰省发动起义，迅速波及全国各地。到1849年2月，义军人数发展到10万余人，给统治者以沉重的打击。身陷狱中的巴布仍与外界保持着联系，号召信徒战斗到流尽最后一滴血。1850年7月，巴布在大不里士监狱遇难，大批信徒惨遭杀害。次年，巴布运动宣告失败。

巴布运动失败后，残余力量仍在坚持斗争。不久内部发生分裂，由此产生了不同于巴布教派的巴哈伊教派，由巴布的早期信徒米尔札·侯赛因·阿里所创，得名于他的尊号巴哈乌拉。

侯赛因·阿里原为马赞德兰省一封建贵族，因不满朝政而卷入巴布运动。1852年，巴布信徒于德黑兰刺杀伊朗国王未遂，大批信徒惨遭杀害。侯赛因·阿里涉嫌被捕入狱，次年获释，家产被抄，他本人也被驱逐出境。他抵达巴格达后，继续布道传教，被尊为哈里发（继承人）。后与其异母兄弟发生教权之争，伊朗国王通过奥斯曼苏丹从中干预，将他押解到叙利亚的阿卡，其弟被流放到塞普路斯岛。在长达

40年的囚禁生活中，巴哈乌拉埋头写作，钻研巴布教派文献资料，后来创立了巴哈伊教。较之巴布教义，巴哈伊教在教义、礼仪上并无重大差异，除以对巴哈乌拉的崇拜来代替对巴布的崇拜外，分歧主要是在社会、政治原则上。巴哈伊教义不再坚持以武力推翻不义的统治者，而主张忠于政府，拥护国家法制，号召以博爱来消除贫富差别，实现社会平等，并最终实现人类一体、世界大同。在宗教思想上，巴哈伊教义提倡普世宗教，认为宗教是一元的，人类是一体的，至高无上的上帝只有一个，但它有不同的名称，诸如天神、天主、真主、佛主等等；上帝的旨意通过差遣的诸先知不断显现，而亚伯拉罕（伊布拉欣）、克里希南（印度教）、摩西（犹太教）、琐罗亚斯德（波斯火祆教）、释迦牟尼（佛教）、耶稣（基督教）、穆罕默德、巴布、巴哈乌拉，皆是体现天神旨意的先知，而以在巴哈乌拉身上得到最充分的显现。对犹太教徒，它（大写"它"为巴哈伊信徒对教祖的尊称）是上帝差遣的救主弥赛亚；对基督教徒，它是复临人间的耶稣基督；对穆斯林，它是人们期待的救世主马赫迪，对印度教教徒，它是天神琵湿奴的化身，如此等等。

巴布运动虽告失败，但由此派生而来的巴哈伊教

却得以发展，成为一个有自己的经典、教义、礼仪和
礼拜场所的独立的新兴宗教。今天除在伊朗外，巴哈
伊教在西欧、南北美洲、非洲和澳大利亚等地皆有众
多的信徒。它早已不再属于伊斯兰教的派别，介绍有
关情况只是为了使我国读者了解这方面的知识。

六、阿赫默迪亚运动

19世纪下半叶，一个后来被基督教和伊斯兰教谴责为"异端"的宗教运动，在印度次大陆西北部的旁遮普地区兴起，这便是阿赫默迪亚运动，得名于创始人的名字米尔札·古拉姆·阿赫默德（1835—1908）。

1. 阿赫默德其人

米尔札·古拉姆·阿赫默德出生于印度西北部旁遮普地区的卡底安村一个富户人家，祖上曾在莫卧儿王朝为官，为王室后裔。阿赫默德家族是村里的名门望族，颇有资产和影响。青少年时代，阿赫默德受过良好的宗教教育，宗教信仰上倾向于苏非神秘主义。其父精通医道，是位有名的医生。阿赫默德受父亲影响，也成为一名医生，时常给村民看病。由于知书达礼，颇有威信，阿赫默德后来成为一村之长。印度是个多种宗教信仰并存的国家，印度教、伊斯兰教皆有深广的影响，后来又传入基督教，不同宗教文化之间的交互影响是不可避免的。早在少年时代，阿赫默德就同一位基督教牧师发生过不愉快的争论，由于不能回答牧师的诘难使他深感不安。后来他虽受过高等教育，精通阿拉伯文、英文、乌尔都文，具有广博的知识，但他不愿为统治印度的英国殖民政府效力，而隐居于故乡，潜心思考宗教问题。约在40岁时，他经过多年的思考，终于获得"启示"，宣称自己是伊斯兰教的马赫迪、基督教的救主弥赛亚，又是印度教的主神毗湿奴的化身。这样，他便自称为复兴三教的"新先知"。1880年，他用乌尔都文撰著《阿赫默德的论证》一书，系统地阐述了他的宗教思想，后来又用英文发表了《伊斯兰教教义》，对伊斯兰教予以新的解释。1889年，他以伊斯兰教"新先知"的名义广召门徒、布道传教，以扩大影响。他的活动不久就遭到印度穆斯林和基督徒的抗议，一位基督教牧师曾向拉合尔法庭对他提出起诉，但未能胜诉。从此，阿赫默迪亚运动便在狂热信徒的支持下获得发展，引起剧烈的教派冲突。

2. 宗教思想和影响

阿赫默迪亚运动是一个新兴宗教运动。教主阿赫默德的追随者们自称为"真正的穆斯林"，信奉"真正的伊斯兰教"。他们并不否认《古兰经》为根本经典，但其基本信仰与伊斯兰教信仰仍有明显的差异。首先，伊斯兰教把信先知穆罕默德为"封印使者"，视为基本信条之一，而阿赫默迪亚派则相信在先知之后还有先知，教主阿赫默德便是继穆罕默德之后的一位"新先知"。此说意味着对伊斯兰文化传统的根本否定。其次，除什叶派穆斯林外，伊斯兰教逊尼派一般不大重视马赫迪复临的说法，而阿赫默迪亚派对此说深信不疑，并认为教主马赫迪实为伊斯兰教先知穆罕默德的化身。第三，伊斯兰教虽未把"圣战"列为基本信仰，但"圣战"作为一种宗教传统历来受到穆斯林的重视，近代以来它已成为捍卫信仰自由、反对外来侵略、争取民族独立的重要手段之一。而阿赫默迪亚派则公开宣布废除"圣战"，号召信徒不要敌视英国殖民政权，做一个"和平的穆斯林"，所以印度的穆斯林视他们为"英国人的走狗"。此外，该派还反对圣徒崇拜、圣墓崇拜，谴责历史遗留下来的一夫多妻、男子随意休妻和对妇女的禁束，否认来世生活和天园、火狱、末日审判之说。

在宗教思想上，阿赫默迪亚运动深受基督教的影响，但它对基督教教义的解说又属于"标新立异"。教主阿赫默德自称是基督教的救主弥赛亚和复活的耶稣基督。为此，他编造了一个荒诞离奇的故事。当年受难的耶稣基督并未被钉死在十字架上，而是在受刑后的昏迷状态下被葬入坟墓，后来被他的一个奴隶救出，医好了伤，在会见使徒后转移到阿富汗和喀什米尔地区。他的"转移"便是基督教所说的耶稣升天。耶稣后来一直生活在喀什米尔，活了120岁，故后葬于斯利纳加（喀什米尔首府）。教主阿赫默德根据基督教小说家和印度佛教传说描绘了一个"新耶稣"的形象，意在驳斥基督教信仰，证明基督教的腐败，而他本人正是受命于危难之中来拯救基督教的"新先知"。为了论证他的观点，他在著作中列举了种种"事实"根据，如说耶稣的奴隶为救活耶稣为他涂药膏的故事，已被记录于成千部的医书中，基督教、伊斯兰教、犹太教、波斯文的文献中皆有据可查。为了在各种宗教信仰者中发展信徒，教主阿赫默德企图创立一个普世性的宗教，宣称这一新宗教如人道主义一样宽泛，涵盖基督教、佛教、伊斯兰教、印度教、犹太教等各种宗教信仰的精神，鼓励信徒以博爱精神去热爱、敬仰伊斯兰教先知穆罕默德、基督教救主耶稣、犹太教先知摩西、印度教大神琵湿奴和佛祖释迦牟尼。

阿赫默迪亚运动发展很快，在旁遮普、孟买、德干等地吸引了众多信徒。1900 年，该派被英国政府承认为独立教派。1908 年，教祖阿赫默德去世，毛拉维·努尔丁被推举为哈里发（继承人）。1914 年继任教主去世后，内部分裂为两个派别。主流派以阿赫默德之子巴什尔丁（1889—1965）为三世哈里发，以拉布瓦（今巴基斯坦境内）为总部，仍奉行原初的教义，号称有信徒 50 余万，其中半数在巴基斯坦，其余分布在西欧、北美、东非等地。另一派总部设在巴基斯坦的拉合尔市，人数较少，他们否认教祖阿赫默德为新先知，而只承认他是一位宗教领袖。该派在出版、传教方面也很活跃，办有英文、乌尔都文刊物，出版了大量阐释其教义思想的著作。

阿赫默迪亚运动的兴起，后来使它同巴基斯坦伊斯兰教界的冲突成为敏感的政治问题。1953 年，以毛杜迪为首的伊斯兰教促进会等宗教组织，在旁遮普省举行大规模的游行示威，要求巴基斯坦联邦政府取缔阿赫默迪亚教派，宣布该派为非穆斯林少数派团体，解除包括外长在内的该派信徒在政府中担任的一切高级职务。由于反对与支持该派的民众发生流血冲突，使该省陷入混乱，巴中央政府宣布在旁遮普省首府拉合尔市实行军法统治，得以平息教派冲突，恢复秩序。其后巴基斯坦历届政府皆未对阿赫默迪亚派采取行动，直到 20 世纪 70 年代布托人民党执政时期，出于内外政策考虑，巴国民议会才通过法令，宣布阿赫默迪亚派为非穆斯林少数派别，其信仰不属于伊斯兰教。与此同时，国际伊斯兰教组织也通过了类似决议，支持巴政府的立场，重申对阿赫默迪亚派的谴责。但该派仍在继续活动。

七、泛伊斯兰运动

伊斯兰教作为世界性的宗教，力图打破民族、语言、地域的限制，传播到世界各地。这种基于共同信仰之上的团结意识和手足之情，即后人所说的"天下穆斯林皆为兄弟"。在其后的发展中，泛伊斯兰团结意识成为伊斯兰文化传统的一部分，影响极为广泛。近代以来，随着外强的入侵，泛伊斯兰主义兴起，成为穆斯林各族人民反对外强侵犯、捍卫信仰自由、争取民族独立的重要思想武器。19 世纪下半叶到 20 世纪初，穆斯林世界兴起范围广泛的泛伊斯兰运动。

1. 社会历史背景

泛伊斯兰运动是因为伊斯兰教的政治衰落，主要是奥斯曼政权的衰落所引起。历史上奥斯曼帝国曾经是一个横跨欧、亚、非大陆的军事强国，在东西方交往中具有举足轻重的影响。它于 16 世纪达到极盛，后来逐渐衰落。自 18 世纪起，在内忧外患的困扰下，这个昔日的巨人开始每况愈下，渐趋解体。争权夺利、政治腐败，使奥斯曼统治集团内部的矛盾不断加深，国家行政效率极其低下，减弱了应变的能力；连年的对外战争加重了人民的负担，国家愈益贫困，民不聊生、怨声载道，危机四伏，民众暴动时有发生，士兵哗变连续不断；对外战争的不断失利改变了东西方的力量对比，国家版图不断缩小，欧洲领地不断发生民族起义，要求摆脱奥斯曼的控制；欧洲列强乘机大规模地对外扩张，侵吞奥斯曼的领地，迫使其签订了一系列丧权辱国的不平等条约。到 18 世纪末，奥斯曼帝国已处于风雨飘摇之中，只是由于欧洲列强利益不能均等、互相牵制，奥斯曼帝国才幸免于政治解体。

　　进入 19 世纪后，奥斯曼帝国在欧洲列强的不断
打击下，已出现解体的征兆。1798 年，法国为打通
东方海上航道，侵占了当时仍属奥斯曼领地的埃及，
次年又被英军赶走。从此，英国势力侵入埃及，埃及
地方政权逐步摆脱土耳其的控制。奥斯曼在北非的领
地突尼斯、摩洛哥和阿尔及利亚，也不断遭到法国、
意大利等欧洲列强的入侵，而当地的地方势力只是在
名义上承认奥斯曼的宗主权。在阿拉伯半岛，由于瓦
哈比运动的兴起，奥斯曼总督只能控制希贾兹地区。
在土耳其本土东部的安那托利亚，当地的封建主不断
举兵反叛，成为地方割据势力，其边界又经常受到强
大的邻国伊朗的威胁。在东南欧的巴尔干半岛，塞尔
维亚人经过 1804 年和 1815 年两次民族起义，取得自
治，只在名义上与奥斯曼仍保持着藩属关系。与此同
时，经过 1828 年俄土战争，俄国边界延伸到多瑙河，
奥斯曼失去对摩尔达维亚、瓦拉吉亚和罗马尼亚的控
制。此后，沙俄在黑海地区和中亚的扩张，更使奥斯
曼苏丹坐立不安。到 19 世纪下半叶，奥斯曼帝国已
处于任人宰割的地位，欧洲列强已在私下磋商帝国解
体后的领土瓜分问题。

　　面临着严峻的形势，自 19 世纪中期起，奥斯曼
的苏丹们曾采取多种对策以挽救危亡。朝廷内部的改

良派热衷于政治改革。1839年至1876年，奥斯曼三届苏丹在改良派支持下，采取了一系列的立法、司法、行政改革措施，史称"坦齐马特"（改组）。为保障改革的实施，在大臣会议之下成立了一个"改革委员会"，在首相领导下全权负责制定改革方案，实施改革。据称，改革的宗旨在于"消除专制和滥用职权，保障臣民的安全和舒适"。1839年颁布的"御园敕令"，提出许多保证，包括全体臣民在法律面前一律平等，名誉和财产不受侵犯，实行以包税制为主的固定税率，减轻财政负担，实行合理的征兵制度等内容。期间在改组政府机构，改组军队，改革财政制度和文教事业的同时，尤为重视国家法制改革。从1850年起，相继颁布了以引进欧洲法律为主的《商法典》、《刑法典》和《民法典》，废止了伊斯兰教法的许多规定，并建立了新的司法制度。1876年，公布了由改良派人士起草的新宪法，使政治改革达到高潮。但因改革运动削弱了封建王权，损害了封建势力和军事贵族的利益，遭到强烈抵制，不久便宣告破产。1877年2月，新任苏丹阿布杜勒·哈米德二世（1876—1909年在位）宣布解除力主改革的米达特·帕夏的首相职务，强行解散已经召开的制宪议会，大肆镇压改良派。他的倒行逆施使奥斯曼帝国又退回到专制、腐败的黑暗时代。

为了加强封建王权、防止帝国解体，苏丹阿布杜勒·哈米德二世当政后不久便以鼓吹泛伊斯兰主义为基本国策，企图恢复苏丹的权威。这便是泛伊斯兰运动的基本历史背景。

2. 奥斯曼苏丹与泛伊斯兰运动

泛伊斯兰主义作为一种宗教思潮早已有之，但作为一种政治运动，则首先是由奥斯曼苏丹所发起。苏丹鼓吹泛伊斯兰主义主要有两个目的。一是对内，企图利用广大穆斯林民众所固有的宗教感情和团结意识来抵消益益强烈的民族主义，特别是阿拉伯民族主义情绪。当时，奥斯曼帝国虽然仍是世界上最大的伊斯兰政权，但它外强中干，内部矛盾重重，它仅有的本土以外的阿拉伯领地，有的处于外强的占领之下，有的实际上已经独立，有的正在举行起义，所以苏丹企图通过泛伊斯兰主义来加强对内部的控制，防止从内部解体。二是对外，苏丹在面临着欧洲列强肢解奥斯曼帝国的威胁下，军事上节节败退，一筹莫展，政治外交上束手无策，指望以泛伊斯兰团结为纽带，联合世界各地的穆斯林政权，共同对抗欧洲列强。为此，需要向世界表明，奥斯曼苏丹不仅是帝国的君主，而且也是全世界穆斯林的哈里发和伊斯兰教信仰的监护人。于是，苏丹—哈里发运动也就成为奥斯曼苏丹鼓吹的泛伊斯兰主义的主要内容。

历史上，奥斯曼突厥人曾对弘扬伊斯兰文化作出过重大贡献，但奥斯曼统治者在政权观念上又不同于阿拉伯人。他们认为，古典哈里发制度已于1258年结束，而传统上认为国家统治者哈里发只能由古来什阿拉伯人的后裔担任。所以奥斯曼君主自色里姆一世（1512—1520年在位）起，都不再称哈里发，而改称苏丹或伊斯兰的巴迪沙。当然，也有些伊斯兰学者认为，苏丹制与哈里发制没有分别，只是称谓不同。尽管有文化传统和宗教感情上的难处，奥斯曼苏丹哈米德二世仍自称为全世界穆斯林的哈里发。

从19世纪70年代至20世纪初，为泛伊斯兰哈里发运动时期。期间苏丹哈米德二世采取了多方面的行动。

首先是广泛开展泛伊斯兰主义宣传活动，使世人相信奥斯曼苏丹是全世界穆斯林的哈里发。为此，苏丹通过报纸、书刊及布道、朝觐圣地等方式，广泛散布舆论。当时奥斯曼苏丹在各国穆斯林中间仍有不容忽视的影响，但也有一些教派和地方的伊斯兰政权否认苏丹的权威，如什叶派穆斯林及摩洛哥、阿曼、桑给巴尔的苏丹们和阿拉伯半岛的瓦哈比政权。苏丹的宣传鼓动正是为了加强自己的地位。除舆论宣传外，尤为重视通过一年一度的朝觐活动进行宣传。为此，苏丹专门集资兴建了通往麦加和麦地那的铁路，在圣地麦加沿途开通朝觐专线汽车，车上可以随时礼拜，还专门培训了一批朝觐向导，向来自世界各地的朝觐者宣讲泛伊斯兰团结的意义。在有组织的宣传鼓动下，泛伊斯兰主义思潮在世界许多地区兴起。在沙俄统治下的中亚地区尤为活跃，俄国穆斯林在彼得格勒和喀山创办了两家宣扬泛伊斯兰主义的刊物，布哈拉的艾米尔（宗教领袖）还亲自领导当地的泛伊斯兰运动；在英国统治下的印度穆斯林民众中，也出现泛伊斯兰情绪，许多清真寺礼拜时赞念奥斯曼苏丹哈米德二世的名字；在北非和西非，一批新兴的苏非教团成为泛伊斯兰主义的有力支持者，有的如赛奴西教团，还在奥斯曼首都伊斯坦布尔开设了办事处。英国驻埃及总督克罗默在描述当时的形势时写道：伊斯兰运动正在获得如同早年阿拉伯征服时那样强劲的势头，似乎这是一个从北非到整个亚洲的运动，它的意义一时还难以理解，但确定无疑的是，穆斯林们决心维护自己的信仰。

其次是增强逊尼派与什叶派穆斯林的团结。泛伊斯兰运动的政治目的在于联合全世界的穆斯林，以共同抗击西方的入侵。为此，需要加强不同教派之间的团结，特别是加强逊尼派与什叶派两大主要教派之间的谅解与合作。什叶派的伊朗因夹在西亚的土耳其与阿富汗、印度中间，战略地位十分重要，如能争取伊朗的合作，穆斯林世界即可连成一片，形成广泛的统一阵线。因此，奥斯曼苏丹对伊朗的什叶派穆斯林极为看重。据说他曾多次派特使到伊朗游说，企图说服伊朗国王与奥斯曼苏丹和解。后来什叶派圣地纳杰夫和卡尔伯拉的宗教领袖们曾明确表示愿意和解，并商谈过妥协条件，但因两国之间多次发生战争，积怨太深，伊朗国王始终无动于衷。

第三是号召对欧洲列强举行"圣战"。为此，奥斯曼苏丹哈米德二世通过报刊、讲道、朝觐圣地、组织宣讲团等方式进行广泛的宣传，向世界各地的穆斯林民众说明"圣战"符合《古兰经》、圣训和伊斯兰教法，为每一个穆斯林应尽的义务，号召他们为弘扬主道英勇奋战，献身于捍卫信仰的神圣事业。苏丹还派遣代理人到世界各地，在爪哇、苏门答腊、印度、阿富汗、中亚等地招募穆斯林王公贵族的子弟，予以培训，作为"圣战"的骨干力量。据说他把国家一半以上的税入用于组织"圣战"。但除在 1897 年对希腊的战争中取得重大胜利外，"圣战"并未取得硕果，因为到这时穆斯林世界早已无可挽回地四分五裂了。

3. 阿富汗尼与泛伊斯兰运动

泛伊斯兰主义的主要鼓动者和代表人物是哲马鲁丁·阿富汗尼（1839—1897），他是 19 世纪穆斯林世界最负盛名的哲学家、宗教思想家和民众领袖。阿富汗尼痛恨欧洲殖民主义，深知东方被压迫民族的疾苦，具有强烈的民族主义思想、渊博的知识和政治远见。他一生致力于宗教改革、政治改革，献身于被压迫人民的解放事业，受到世界广大穆斯林的敬仰和爱戴。泛伊斯兰主义并非阿富汗尼的一贯思想，他只是在一段时期一度倾向于泛伊斯兰主义。

（1）简略生平

阿富汗尼出生于伊朗西北部哈马丹市附近的阿沙达巴德镇。少年时代，从父学习阿拉伯文和《古兰经》，才智出众。后求学于卡兹文、德黑兰、纳杰夫

等地，曾受到什叶派伊斯兰教、伊本·西那哲学和谢
赫学派的影响。1858年至1865年旅居印度，目睹英
国侵略印度的暴行，萌生反帝思想。1866年至1868
年移居阿富汗，从此改称"阿富汗尼"（阿富汗人），
以扩大在逊尼派穆斯林中间的影响。后因支持阿富汗
内战中的一方，失败后被驱逐，经印度、埃及转移到
奥斯曼帝国首都伊斯坦布尔，但由于他在讲演中触犯
了因循守旧的宗教上层人士，再度被逐出境。1871
年至1879年客居埃及，在开罗家中从事教学活动，
吸引了大批青年学生，包括得意弟子穆罕默德·阿布
杜。期间他曾多次发表文章和演说，抨击统治者的专
制腐败，揭露帝国主义的侵略野心，呼唤埃及人民增
强民族自尊心、自信心，掌握自己的命运。1879年，
他因参与反英政治运动被埃及当局驱逐出境。后转移
到印度，因受到英国殖民当局的严密监视，不便参与
政治活动，便以讲演、著述的方式宣传民众，号召印
度人民克服宗派情绪，加强内部团结。他曾撰著长
文，严词批判以阿赫默德汗为代表的"自然主义
者"，痛斥其亲英立场。1882年末，阿富汗尼离开印
度，经伦敦到达巴黎，后来同晚期到达的他的弟子阿
布杜一起从事泛伊斯兰运动的宣传鼓动，直到1885
年。1886年以后，他曾两次访问伊朗和俄国，游说

上层，宣传改革主张。后因在伊朗召开秘密会议，筹划建立共和宪制政府，被伊朗国王遣送到什叶派圣城库姆，旋又被武装押解到伊土边境地区，过着流放生活。1892年，阿富汗尼自流放地伊拉克逃往伦敦，后来应土耳其苏丹哈米德二世的邀请到伊斯坦布尔访问，从此失去自由，直到悲惨地死于软禁之中。

（2）泛伊斯兰活动

泛伊斯兰主义在阿富汗尼一生中有两次闪现。第一次约在1877年左右，他在用波斯文写给奥斯曼苏丹的一封书信中，表达了他对时局的见解。当时沙皇俄国正向中亚地区扩张，侵占了大片领土，纳入俄国版图，而沙俄的对外扩张又加深了它同老牌帝国主义英国的矛盾。面对着欧洲列强的扩张势头，奥斯曼帝国在军事上无能为力，不断后退。阿富汗尼在致苏丹的信中指出，在国家和民族"大难当头"的时刻，他经过反复考虑后，愿为国家和民族的利益而献身于"圣战"事业，"宁愿英勇战死而不愿过着屈辱的生活"。他在信中为苏丹出谋献策，认为联合中亚、南亚地区的穆斯林大众共同抗拒沙俄，是唯一可择的对策。他在分析可资利用的力量时指出：印度的穆斯林人数众多，信仰虔诚，颇有资产，但他们生性散漫，愚昧无知，热衷于教派纷争，只有唤起他们的团结意识、民族意识，他们便会献身于对沙俄的"圣战"；
阿富汗的穆斯林生性好斗，像头雄狮，不畏流血牺
牲，只要向他们说明沙俄的侵略野心，他们就会成为
"圣战"的一支生力军；俾路支斯坦的山区人经常受
雇拦路抢劫，可以财富为引诱加以利用，而长期在沙
俄统治下的土库曼人也可能响应"圣战"的号召。
阿富汗尼还表示，他本人愿意身负苏丹的使命，到各
地去发动群众，联络各地的王公贵族、民众领袖和宗
教学者，为"圣战"做好准备。但这封信石沉大海，
未能引起奥斯曼苏丹的重视。

　　阿富汗尼投身于泛伊斯兰主义的宣传活动，是在
1882 年到 1885 年的 3 年间。当时英国军队已经侵占
埃及全境，进而控制了苏丹，埃及和苏丹均已发生了
大规模的反英民族起义。1882 年末，他在小居伦敦
期间，在报刊上发表了《英国在东方国家的政策》
和《埃及战争原因》两篇文章，批评英国对印度和
埃及的侵略政策，指出英国企图分裂穆斯林世界，破
坏东方被压迫民族的团结。文中首次明确表示支持泛
伊斯兰团结，同情奥斯曼苏丹的处境。1883 年 2 月，
阿富汗尼又在巴黎一家阿拉伯文刊物上发表致报界公
开信，要求新闻界不要过多地批评奥斯曼政府。信中
指出，东方人已成为外强征服的目标，东方人要雪去

耻辱，就必须在一面旗帜下联合起来，支持各自的国家政府，全体奥斯曼臣民应当联合起来，加强自己的政府。

为了唤起穆斯林大众的团结意识，阿富汗尼与弟子阿布杜在巴黎创办了一份周报，名为《坚固的把柄》，成为泛伊斯兰主义的舆论阵地。从1884年3月创刊，共出版发行了18期，后因经费困难被迫停刊。发刊词指出：本刊将向东方人解释衰落的根源及何以复兴，驳斥穆斯林不能朝向文明前进的谬论，并向他们指明如何遵循先祖的原则以图富强。刊物免费赠阅，发行量很大，仅埃及就达500余份。主要内容包括：揭露英国在印度、埃及、苏丹的侵略行径；宣扬泛伊斯兰团结的重大意义，号召全世界的穆斯林在共同信仰基础上联合为广泛的反帝统一阵线；解释伊斯兰教信仰的精神和基本原则，使世人认识到伊斯兰教的活力，增强信心、坚定信仰。此外，还有政论和时局综述。在一篇政论中，阿富汗尼一改以往仇恨沙俄的态度，认为苏丹的马赫迪运动如能得到埃及人民的响应，印度便会爆发反英起义，俄国则会出兵印度，把印度人民从奴役的枷锁下解救出来。他还表示，他能说服俄国、法国、奥斯曼帝国、埃及、阿富汗、印度结成反英联盟。

阿富汗尼虽然也曾热衷于泛伊斯兰主义的宣传鼓动，但他同腐败不堪的奥斯曼苏丹哈米德二世有本质的区别。阿富汗尼领导的泛伊斯兰运动未能使穆斯林各族人民获得解放，但他为唤起民众认清欧洲列强的侵略本性、开展民族独立运动，作出了重大贡献。阿富汗尼故后，泛伊斯兰主义与哈里发运动仍是穆斯林学者的热门话题，甚至直到 1924 年土耳其资产阶级革命胜利后，在国家政治体制问题上，各国的一批泛伊斯兰主义者仍倾向于保留某种精神上的哈里发制度，作为全世界穆斯林团结的象征，足见阿富汗尼对后世影响之深。后来伊克巴尔从理论上明确回答了这个问题，他指出哈里发制度已经过时，但泛伊斯兰团结仍有积极意义，而泛伊斯兰主义首先要以民族主义为基础，以民族利益为重，直到所有穆斯林民族走向富强以后，才能考虑以松散的穆斯林国家联盟的形式来体现泛伊斯兰团结。伊克巴尔的预见今天已成为现实，当今活跃于国际政治舞台上的"伊斯兰会议组织"，正是这样一个松散的国际组织。

八、伊斯兰现代主义运动

近代以来，随着西方的崛起，东方的衰落，在穆斯林世界各地各种宗教思想与运动蓬勃兴起，它们皆是为迎接西方文明的挑战而作出的回应，皆属东西方政治、文化关系的范围。如果说泛伊斯兰主义带有更强烈的政治倾向，那么伊斯兰现代主义则表现出浓重的文化色彩。

伊斯兰现代主义是由穆斯林知识精英发起的一种宗教思想文化运动，旨在通过宗教改革来达到民族复兴，所以同样属于伊斯兰复兴运动的范围。"现代主义"一词并非东方穆斯林所提出，而是西方学术界用语，指的是为使伊斯兰教信仰适应现代社会发展而提出的各种主张，采取的各种措施。通俗地说，现代主义所要回答和解决的一个根本问题，就是伊斯兰教

何以实现现代化问题。为此在世界各地兴起的伊斯兰
教改革运动，统称为现代主义运动。

　　伊斯兰现代主义运动，约始自 19 世纪下半叶，
以资本主义经济因素产生较早的印度和埃及更为活
跃，产生了许多著名代表人物，形成有一定影响的宗
教社会思潮。

1. 阿赫默德汗与阿利加尔运动

　　在印度次大陆，伊斯兰现代主义的创始人是赛义
德·阿赫默德汗（1817—1898），他发起的阿利加尔
运动，后来发展为印度伊斯兰教界最有影响的学派。

　　阿赫默德汗出生于印度首都德里一封建贵族家
庭。青年时代受过良好的教育，后供职于英国东印度
公司，以其才干受到赏识。1857 年印度爆发反英民
族起义，他因营救英国侨民有功，被破例赐封为爵
士，从此平步青云，成为德里穆斯林的民众领袖，对
英国殖民当局也更加亦步亦趋。起义失败后，他曾在
德里清真寺举行的大会上，代表印度穆斯林感谢英国
女王"赦罪"的恩典，表示愿与英国殖民当局进行
良好的合作，做大英帝国统治下的守法顺民。此后他

毕生致力于宗教教育和宗教改革，指望通过发展教育，普及文化科学知识来改善印度穆斯林的社会地位和物质福利。阿赫默德汗博学多才，著述颇多，主要有《穆斯林诸王遗迹》、《圣徒箴言》、《〈古兰经〉注释》、《先知传》、《印度政治现状、讲演和书信集》、《印度叛乱的原因》等。

（1）阿利加尔运动

阿赫默德汗认为，印度穆斯林贫困落后、社会地位低下，完全是因为他们愚昧无知、因循守旧、不求进取造成的，而改变困境的出路在于发展科学、教育事业，拜先进的西方为师，培养新一代穆斯林知识精英，肩负起宗教与社会改革的使命。早在 1859 年，他就提出应当以英语为印度学校的教学语言，让学生从小就学习英语，便于掌握西方现代科学知识。1864年，他在印度北方邦的阿利加尔创建"科学协会"，向印度穆斯林译介西方科学著作。同年，建立一所现代学堂。1868 年，在印度北部几个穆斯林聚居区分别建立地区性的教育委员会，以发展教育事业。1869年至 1870 年，阿赫默德汗专程赴英国考察教育，拟以英国剑桥大学为样板在印度创办一所大学。1874年，在英国殖民政府的资助下，他在阿利加尔建立"英国伊斯兰教东方学院"，次年专科学校开学，

1878 年开始招收本科学员。该院以招收穆斯林学生为主，适当招收少数印度教家庭的子女入学。教学宗旨在于解放思想，弘扬人文主义传统，培养科学的世界观和务实精神，为英国殖民政府输送文职官员人才。学院在教学工作中为满足各教派学生的兴趣，伊斯兰教课程仍由正统观念较强的伊斯兰教学者编排，而自然科学科目则由世俗观念较强的教员教授，这样便在实证的自然科学与启示的宗教学科之间形成强烈反差。为复兴思辨主义传统，阿赫默德汗又在校外创办一家刊物，广泛宣传人文主义、理性主义思想，批评僵固不化的宗教教条。1886 年，他创立了与印度国大党相对立的"全印穆斯林教育会议"，提出 20 项教育与社会改革目标，包括以乌尔都语为第二官方语言、建立穆斯林高等院校、提高穆斯林妇女受教育的水平等。

阿利加尔学院后来成为印度伊斯兰教现代派的学术中心，培养了大批穆斯林知识精英和政治骨干。印度伊斯兰现代主义运动及其后兴起的巴基斯坦运动的主要领导人，大多毕业于这所学院或在思想上深受其影响，如巴基斯坦的缔造者、穆斯林联盟主席阿里·真纳、著名历史学家艾米尔·阿里等。

（2）宗教改革思想

阿赫默德汗的宗教思想曾受到来自东西方文化传统两方面的影响。前者主要是来自印度近代伊斯兰教历史上最著名的宗教思想家瓦利-乌拉的影响。瓦利-乌拉属于承上启下的代表人物，他在著述中既坚持伊斯兰教的基本信仰，又批判保守僵化思想。他用辩证的发展观点来看待文化传统的见解，以及坚持"创制"（独立判断）之门从未关闭的主张，对阿赫默德汗影响至深。后者主要是来自近代西方科学文化的影响，特别是达尔文进化论的影响，表现为尊重科学、弘扬理性、提倡教育。阿赫默德汗正是在融合东西方文化传统的基础上提出他的宗教改革主张的。

首先，他主张用思辨主义和自然主义的观点来解释伊斯兰教教义。阿赫默德汗推崇理性，认为理性主义传统为伊斯兰教所固有，他在著述中经常引证伊斯兰教历史上穆尔太齐赖学派、精诚同志社等"唯理派"的观点，作为立论的根据。他认为，伊斯兰教作为一个学科，旨在确立宗教道德，其本质并非信仰，而是真理；既为真理，当然可以凭借人类理智认知，而这一真理又与自然和自然法则相一致，故应用自然主义观点来解释伊斯兰教。而自然法则同时又是人类社会伦理的基础，人类社会的发展不仅受社会伦理道德的制约，而且也受自然法则的支配，必然有个初因，这个原动力就是制定自然法则的真主安拉。既然宇宙万物皆为真主的造化物，皆符合自然法则，因而在伊斯兰文化传统中不存在任何违反自然法则的东西。阿赫默德汗以此作为经注学的基本原则之一，对《古兰经》予以自然主义的解释，坚信伊斯兰教和经典的精神是符合科学和自然规律的，也符合人类的理性思辨、逻辑论证。他的宗教观明显不同于传统的宗教观。

其次，他主张用历史发展的观点来解释伊斯兰教信仰。阿赫默德汗不满足于传统的经注学，认为前人的经注过于注意次要的细枝末节问题，诸如经注与教法学、教义学的关系问题，不同经注学家对某节经文的各种释义等，而疏忽根本性的指导原则。为此，他提出应当用历史主义观点作为经注学的基本原则，并对《古兰经》启示予以分类，加以系统的研究。他指出，真主的启示是根据早年阿拉伯穆斯林先民们的宗教文化生活和社会生活的实际需求，分阶段陆续降示的，应根据当时当地的社会背景予以注释；而传统上所遵循的"停经"原则（后经可停止前经）不宜沿用，因为不同时期有不同的情况，真主启示也是不断发展的。他还指出，所谓"停经"之说只能在比

较宗教学意义上来理解，指的是后起的启示宗教
"废止"或"代替"先前的启示宗教，如基督教"废
止"犹太教，伊斯兰教"代替"基督教，而完全与
伊斯兰教的经注学无关。阿赫默德汗还把经文分为两
大类，称为"基本启示"和"象征性启示"。前一类
为不可动摇的基本信仰，包括15条基本原则，诸如
相信真主为宇宙的创造者，真主无所不在、无所不
知、无所不能，相信诸天使和先知穆罕默德系真主所
差遣，《古兰经》为真主的语言，经中无任何谬误
等。后一类为非原则性的启示，可以根据时间、地
点、条件的不同予以灵活的解释，不必拘泥于经典的
词句。他的分类法也明显不同于传统上将经文启示分
为"明意"和"隐意"的惯例。这一分类意在坚持
基本信仰的同时，对伊斯兰文化传统中某些不合时宜
的内容予以修改。而他所作的修改，所提出的新的解
释，大多根据科学、理性、自然法则。例如，他把天
使的品质解释为真主造化物的自然属性，如岩石的坚
固性、水的流动性和人类凭直觉认知事物的天性，象
征着人类在道德力量支持下战胜恶境的信心和勇气；
而恶魔则被解释为蒙昧时代阿拉伯人对某种可怕的、
超自然力量的信仰，象征着邪恶、疾病和自然灾难。

　　第三是主张用现代主义观点来解释伊斯兰教法。

鉴于教法作为无所不含的社会规范，是以《古兰经》为根本依据，因而欲修订社会立法，首先需要根据时代和社会发展的要求，对经典予以灵活变通的解释。阿赫默德汗用现代科学和理性主义的观点来撰写大部头的《〈古兰经〉注释》（未完成），正是为了实现法制改革的目标。其次是作为第二法源的圣训。阿赫默德汗认为，由于种种复杂的原因，成书于9世纪的圣训文献，内容庞杂、真伪不分，而早年的圣训学家们倾向于广收博录，未能做到去伪存真，所以今人不宜以全部圣训为法源。他认为，今人只能接受三部分圣训，即符合《古兰经》精神的圣训、解释经典启示的圣训和补充《古兰经》律例（具有立法内涵的经文）的圣训。再次是关于教法传统中有重大争议的一些问题，阿赫默德汗表示了明确的见解。一是关于"圣战"，认为这是先知穆罕默德为了捍卫信仰和早年穆斯林的生存而进行的正当的自卫战争。二是关于奴隶制，认为自由是"天赋人权"，奴隶制与人类自由是对立的，所以伊斯兰教是主张限制奴隶制和解放奴隶的。三是关于一夫多妻问题，阿赫默德汗作了思辨性的回答，认为就自然法则而论，男人有很强的生殖能力，一个男子不妨有多个妻子；如就社会后果而论，一夫多妻使失去丈夫的女子有家可归，有利于社会的安定；但从宗教观点看，只有充满情爱的家庭才谈得上幸福、欢乐，而一个男子不可能在感情上给予多个妻子以同样的厚爱，所以伊斯兰教是限制、反对一夫多妻制的。阿赫默德汗的上述观点皆为回答西方基督教学者对伊斯兰教的责难而发，后来在印度次大陆伊斯兰教界产生了广泛的影响，得到有力的支持。当然，也不乏批评者，如阿富汗尼就曾针对他的自然主义倾向，专门撰写了《驳自然主义者》一文，发表于印度报刊上。

2. 阿富汗尼与伊斯兰现代主义

19世纪，伊斯兰现代主义另一著名代表人物是哲马鲁丁·阿富汗尼。他一生奔波于世界各地，宣传民众、组织民众，揭露西方殖民主义、帝国主义列强的侵略本性，启发人民的思想觉悟，号召东方被压迫人民联合起来，反对外来侵略和压迫，争取民族独立，为世界穆斯林各族人民的解放事业付出了毕生的精力。由于忙于政治活动，阿富汗尼无暇系统地阐述他的宗教改革思想，但从他在报刊上发表的文章和在各地所作的大量演说中，仍可以看到他是一位颇有政治远见的宗教思想家和改革主义者，有些西方学者甚至把他誉为"东方的路德"。关于他的生平和泛伊斯兰主义宣传活动，前文已作过交待，这里只谈谈他的政治思想、哲学思想和宗教改革思想。

（1）政治思想

阿富汗尼生活的时代，正是西方列强不断对外扩张、东方穆斯林民族日渐衰落的黑暗年代，他长期客居的两个文明古国印度和埃及都已沦为英国的殖民地。目睹被压迫人民的屈辱生活和麻木不仁的精神状态，阿富汗尼以哀其不幸、怒其不争的心情，积极投身于民族启蒙活动，宣传民族主义、民族团结成为他一贯的政治思想。早在1870年2月在伊斯坦布尔一所大学开学典礼上的演讲中，他就对奥斯曼现代改良派的教育改革表示支持，鼓励青年学生们发奋读书、获取完美的知识，以便将来改变伊斯兰民族的愚昧落后状态，恢复昔日的光荣。后来在旅居埃及的8年中，特别是最后4年中，他更直接投身于政治活动。

在埃及期间，阿富汗尼主要以三种方式从事政治活动。一是通过埃及民族主义组织发动群众。当时在开罗有个民族主义者组织称为"东方之星共济会"，有会员300余人，包括作家、新闻记者、爱国军官、反对派议员、青年学生等。阿富汗尼经常参加他们的集会，发表演说，抨击埃及统治者的昏庸腐败，号召埃及人民振奋民族精神，推翻不义的专制统治，"或者像自由人民一样生活，或者像英烈一样战死"。他还号召埃及民族主义者建立"祖国党"，保卫祖国的利益、民族的荣誉，推翻专制制度，建立议会民主制度。二是通过讲演宣传民众。阿富汗尼认为，埃及普通民众文化水平很低，愚昧落后，不了解天下大事，应当对他们进行民族启蒙教育。他在各种场合的讲演中，以通俗、生动的语言向埃及民众宣传民族主义、爱国主义思想，晓之以理，动之以情，产生了广泛的影响。他还提议建立一个讲演厅，聘请一些有识之士为讲演员，向民众宣讲天下大事，使埃及老百姓增长知识、关心时事，知道帝国主义列强何以强大，埃及民族何以衰落。三是通过报刊进行舆论宣传。阿富汗尼经常在一家进步周刊上发表文章，宣扬民族主义思想。他在《人类幸福的真正原因》一文中指出，人类幸福的基础是社会的每个成员皆履行自己的职责，人民只服从维护人民利益、恪守公正法律的统治者，而不服从那些贪婪、压迫成性的统治者。他曾一针见血地指出，英国人在印度兴建城市、开办学校、改善交通等等，不是为了印度人民的利益，而是为了便于掠夺印度的财富，"吮吸他们的血液，剥食他们的肉体"。在《论专制政府》一文中他指出，由于长期的封建专制，人民愚昧无知，东方人一般都不愿谈论共和制政体。他在分析了古今世界五种不同的政体后指出，议会共和制和君主立宪制政府是迄今最理想的开明政府。阿富汗尼对埃及的议会制度寄予厚望，视为政治改革的良好开端。他在《东方的圣贤》一文中，号召埃及民族主义者积极支持共和制度，深信埃及的希望在于那些知道"荣誉只存在于本民族之中，力量只存在于本社团之中，光荣只属于祖国的人们"。

（2）哲学思想

在19世纪的伊斯兰现代主义者当中，阿富汗尼是最富有哲学思想的一个，他的政治思想、宗教改革思想皆以哲学思想为基础。他是近现代最著名的伊斯兰哲学家之一。

早在1870年，在伊斯坦布尔的一次演说中，阿富汗尼就对哲学的重要作用发表了独到见解。他把宗教先知与哲学家加以比较，认为哲学家与宗教先知负有同样的使命，但二者又有区别：先知通过灵感和启示获取真理，哲学家通过思辨、论证把握真理；先知不会犯错误，哲学家难免发生认识上的失误；先知的学说受时代限制，哲学家的学说具有普遍意义。他进而提出：并非每个时代都需要一位宗教先知，因为独一无二的宗教和法律可以哺育千秋万代的信士，但每个时代却需要一批特别富有经验的哲人，没有他们，人类秩序便会陷入混乱，人类复兴便无从谈起。其后在《人类幸福的真正原因》一文中，阿富汗尼用传统宗教哲学观点，论述了人的二重性。他认为，人有理性启蒙的本质和肉欲的动物本质两种不同的本性。人类的大多数以动物性为主，少数统治者和圣哲以理性为主。但统治者滥用理性、追求肉欲，以屠杀、掠夺、压迫他人为快，而富有理智的圣贤、学者、革新者则不同，他们早已清除了邪恶、净化了心灵，，故能以"真正的知识"（哲学）启迪人们的心灵。他号召东方的儿子们努力获取知识，以真理之光启迪心灵，以增强自己、恢复昔日的荣耀。

阿富汗尼曾就哲学的能动作用，哲学与科学、宗教的关系发表过较系统的见解。他在《哲学的益处》一文中指出：哲学使人从狭隘的动物情感转向宽广的人类情感，它以自然的智慧之光破除迷信，驱散黑暗，为人类带来光明；它使人从盲目、肤浅过渡到清醒、深刻，它把人类从野蛮、愚昧无知中解救出来，进入知识和技能的"德性之城"。总之，哲学使人成为人，过着圣洁、理智的生活。哲学的目标是追求人类在理性、心灵、灵魂、生活方式上的完满，它是人类知识活动的第一因，也是产生知识、创造科学、工业发明和工艺技巧发展最重要的动因。关于哲学与科学的关系，阿富汗尼明确指出：除科学外，世界没有统治者，过去、现在是这样，将来也必将如此；凡已知的皆因科学而知，凡先进的民族皆因科学发达而著名。科学是各个领域先进技术的基础。但较之科学，哲学尤为重要，它具有普遍性的主题，它是具有"普遍灵魂地位"和"积蓄力量能力"的科学。阿富汗尼进一步指出：哲学指明了人类的前提需求和各门科学的需求，指明了应用科学的方向、方法；一个民族若没有哲学而只学会了各门具体的科学，这些科学不会持续一个世纪；反之，一个富有哲学精神的民族即使缺乏具体的科学，也注定会在哲学精神的激励、指导下获得科学知识。关于哲学与宗教的关系，阿富汗尼针对不同的情况，采取灵活的态度。一方面针对埃及、印度等地的穆斯林民众愚昧落后、厌恶哲学、排斥西方科学的偏向，他在各种场合一再呼唤解放思想、重视哲学、科学，指出宗教信仰的本质是追求真理，它与哲学、科学的精神是一致的，而哲学、科学是没有国界的，劝告穆斯林不应以坚持信仰为名，拒绝外来的科学知识。另一方面，针对印度现代改良派代表人物阿赫默德汗的自然主义和盲目崇拜西方的倾向，他又对宗教与哲学的密切关系作过充分的肯定。不过，阿富汗尼所说的宗教是指理想中的伊斯兰教，而哲学是指伊斯兰哲学，二者的精神是完全一致的。他在《驳自然主义者》一文中，在系统地论证了伊斯兰教"三大信仰"（此为阿富汗尼观点）之后指出，宗教信仰是建立人类文明社会的基石。他认为，个人有了信仰才能取得完美的知识，成为有德性的文明人；一个民族有了信仰才能在科学、艺术、知识等方面不断进步，成为文明的民族；而文明的民族才能以"真正的科学"（哲学）和健全的知识不断启迪族人的心灵，进入光明的世界。这就是说，他既充分肯定科学、哲学的能动作用，又认为这种能动作用源自对真主的信仰。阿富汗尼甚至认为，即使是伪教乃至"最坏的宗教"的信徒，因为相信造物主和奖罚分明，也优于唯物主义者或自然主义者。

（3）宗教改革思想

不同于其他现代主义者们，阿富汗尼尤为关心世界穆斯林各族人民的政治解放，而宗教改革只是达到这一政治目标的手段。他一生中未能系统地阐述他的宗教改革主张，甚至未留有专门论述宗教的著作。但他在宗教问题上站得更高、看得更远，对某些问题的认识甚至是超前的。阿富汗尼更多地是从政治高度、哲学高度来看待宗教信仰问题。他在《人类幸福和痛苦的真正根源》一文中曾经表示，对穆斯林大众说来，保卫祖国和民族性的愿望，同保卫宗教和宗教信仰者的愿望是一致的。这便是民族热情、爱国主义热情和宗教热情，它们给人以向上的力量。晚年他在伊斯坦布尔发表的唯一一次讲演中概述了他对伊斯兰教历史命运的看法："今天伊斯兰教好比一条船，船长是穆罕默德，全体穆斯林是这只圣船的乘客。不幸的是，这只圣船在海上突遇风暴，就要沉没，所以大家都有义务拯救它。"阿富汗尼一度诉诸泛伊斯兰团结，但如同他一贯力主宗教改革一样，都是为了拯救处于危机之中的穆斯林各族人民。他的宗教改革思想突出地表现在：

第一，认为世界穆斯林各族人民复兴的前提是首先取得独立，获得政治解放。为此，各国的穆斯林需要提高民族意识，增强民族自尊心、自信力和彼此间的团结、合作。既要认清西方列强的侵略本质，不能盲目地模仿西方，又不要盲目排外，拒绝西方先进的科学、技术和有益的文化、艺术成果。

第二，相信伊斯兰教的出路在于宗教改革。阿富汗尼指出，西方世界只是在路德宗教改革运动以后才真正从野蛮走向文明，伊斯兰教也必须走这条路。但改革必须以伊斯兰教原理和《古兰经》精神为基础，否则势必迷失方向。为此，首先需要站在时代的高度，用发展、进化、辩证的观点重新解释伊斯兰教，消除绝大多数穆斯林对伊斯兰教的误解，把改革之风吹进他们的心灵，使之克服保守观念、弃旧图新，跟上时代的脚步，走向未来。

第三，应当以哲学理性和科学精神为宗教改革的两根支柱。阿富汗尼否认中世纪广为流行的"创制之门关闭"之说，认为卡迪（宗教法官）和伊斯兰学者们只是根据当时的条件来解释经典、教义，而他们的解释同经典中的全部智慧相比，不过是"大海中的一滴水"。所以，后人完全可以修改他们的判决和解释。阿富汗尼相信民族性、科学性应当成为宗教思想的重要内容，他曾告诫印度的穆斯林切勿因为宗教偏执情绪而仇视源自西方的现代科学知识；相反，应当大力发展教育，普及文化科学知识，用科学知识来武装自己，增强穆斯林各族人民的实力。

第四，强调团结，反对分裂。阿富汗尼认为，宗派林立、互不团结是穆斯林民族衰落的重要原因之一。为此，他一再呼吁全世界的穆斯林联合起来，共同反对西方列强的侵犯。他曾指出，逊尼派与什叶派的分裂和对立情绪是少数自私自利的统治者造成的，而实际上信仰者彼此之间并无根本利害冲突。即使对西方的基督教和犹太教信徒，他也主张采取团结和宽容态度。

第五，传统的形式与现代的内容相结合。阿富汗尼力主宗教改革，但他坚持只能在重新解释宗教文化传统的基础上来实现改革。从他的一贯主张看，他仍坚持以《古兰经》为伊斯兰教信仰的基础，予以新的解释，使之符合现代科学、哲学理性、经济发展、政治理论、政治体制建设的需要。因为种种的原因，阿富汗尼的宗教改革目标未能如愿以偿，但他企图使伊斯兰教成为民族团结、反帝爱国、弘扬理性、繁荣科学的宗教则是一目了然的。

阿富汗尼是 19 世纪穆斯林世界的天才人物。他以政治远见、博学多才、百折不回的奋斗精神而为世界穆斯林所缅怀。他的成功与失败、欢乐与痛苦，都与世界穆斯林各族人民的兴衰荣辱密不可分。

3. 阿布杜与沙拉非叶运动

在埃及，伊斯兰现代主义的主要代表人物是穆罕默德·阿布杜（1849—1905）。他因力主复兴伊斯兰教初创时期的素朴信仰，后人常以"沙拉非叶"（意为先祖）来指称他所领导的宗教改革与复兴运动。

（1）简略生平

阿布杜出生于埃及尼罗河三角洲一贫苦农民家庭。后因家境好转，父亲为他请位家庭教师，教他读书习字。少时从经师习读《古兰经》，后在附近清真寺学堂受经堂教育，因不满于刻板的教学方法中途退学，回村务农。婚后，迫于父亲逼他复学，他逃到叔父家里，受其开导，回寺读完功课，深受传统宗教思想的影响。1866年，他就读于开罗艾资哈尔大学，学习期间曾因主张独立思考，受到校长的训斥。1868年，偶然结识客居埃及的阿富汗尼，从此拜阿富汗尼为师，向他学习哲学、新闻学、写作、研究方法，受其影响而萌生爱国主义思想和宗教改革思想。在校学习期间，他曾在埃及《金字塔报》上发表多篇文章，呼吁普及教育、发展科学、弘扬民族文化，使埃及国富民强。1877年至1882年，从事教育和新闻工作。他在教学中向学生讲述民族兴衰的根源，文明社会的准则，胸中燃烧着改革社会之火。1879年，其师阿富汗尼被埃及当局驱逐出境，阿布杜也被迫退居故乡。后来出现转机，他被委任为政府官方刊物《埃及大事》的总编辑，但他仍念念不忘教育改革。

1881年，国家成立"高等教育委员会"，阿布杜被提名为委员。次年9月，他因涉嫌参与埃及民族起义被判处3年零3个月流刑。1884年，他从流放地贝鲁特转赴巴黎，与阿富汗尼一起从事泛伊斯兰主义宣传工作。1888年，获赦后，被任命为开罗初审法院法官、上诉法院法律顾问。1892年，他曾向埃及政府提出教育改革方案，1895年被任命为政府代表，参与艾资哈尔大学的行政领导工作。1899年，被任命为埃及总穆夫提，成为伊斯兰教法的权威解释者。1905年6月，阿布杜病故，留下未完成的教改工作，遗憾地离开人世。他一生留下许多著作，代表作为《论真主独一》。

（2）宗教改革思想

阿布杜生活的时代，埃及人民正处在英国殖民主义和埃及封建势力的重压之下，过着暗无天日的生活。当时一批富有爱国心的有志之士，正在觉醒，探索救国救民的道路。阿布杜便是其中的一个。他认为，埃及民族的衰落有三大根源。一是统治者腐败无能，他们数典忘祖，以人为的法制代替神圣的伊斯兰教法，导致纲纪废弛；二是宗教贤哲们热衷于派别纷争，忽视宗教文化传统，忘记了教育民众的职责；三是苏非导师们以"圣徒"自居，向信徒们传布异端邪说，迷惑了人们的心灵。总之，根本原因就在于伊斯兰教丧失了早期的纯洁性、素朴性，因而只要重新点燃人们心灵中信仰的火炬，恢复伊斯兰教的本来精神，埃及人民就会树立起民族自尊心、自信心，团结起来，战胜困难，走向光明。阿布杜的宗教改革思想有三个特点。

首先是正本清源、返朴归真。阿布杜认为，伊斯兰教欲恢复活力，就必须清除一切腐败成分，恢复其本来精神。他曾明确指出，人们要想对某一宗教下判断，首先需要剔除该教中源自习俗和外来宗教的成分，并着重考察该教教理，因为教理取决于早年信徒们的信仰实践，最能体现创教者的初衷。阿布杜推崇早年圣门弟子时代的宗教传统，但他并非主张复古倒退，而是立足于宗教改革，意在以托古改制的方式来净化伊斯兰教信仰。为此，他把伊斯兰教分为基本信仰和辅助成分两部分，认为前者具有永恒的真理性，必须坚信不疑，后者具有相对的价值，应当随着时间、地点、条件的变化而变化。基于这一主张，阿布杜及其追随者们对圣徒崇拜、圣墓崇拜、消极遁世等苏非传统展开批判，驳斥乌里玛（宗教学者阶层）的因循守旧、不思进取的种种言论，提出限制一夫多妻习俗、废除蓄奴制度、简化宗教礼俗等改革主张。

阿布杜在担任埃及总穆夫提期间，力主修订伊斯兰教法，改革、完善宗教司法制度，还就有争议的教法问题，发表过许多有卓识远见的见解。例如，他曾明确宣布：穆斯林可以食用犹太教徒宰杀的牛羊肉，可以在邮政银行里储蓄获利，这些行为并不违反伊斯兰教法的禁令。

其次是主张弘扬理性主义传统。宗教启示与人的理性活动的关系，历来是个争论不休的老问题。历史上居主导地位的观点是以艾什尔里学派为代表，主张主命（真主的意志）高于理性，人的理性只能在主命许可的范围内发挥次要的作用。对此阿布杜提出了不同的见解。他在名著《论真主独一》中曾明确指出：《古兰经》尊重理性，把理性提高到首要的地位，据以判明真伪，知善恶、明是非，理性具有最后的权威。进而认为，人完全有能力借助理性来认识真主，通过激发理性、运用推理判断等方法，了解事物的前因后果，从而确信宇宙万物为万能的真主安拉所造化。因而，人的理性与真主的启示是一致的。阿布杜还用理性主义观点来解释经、训。他坚信《古兰经》中没有不合理性的内容，若某节经文确有意义不明之处，则应根据上下文，作合乎理性的解释。同样，如发现某则圣训似与理性相悖，则应根据语法规则，作合乎常识的解释，或疑而不用。当然，作为一位虔诚的穆斯林哲学家、宗教思想家，阿布杜并不主张用理性主义观点来审判一切，他深信真主启示是不谬的，而人的理性活动难免发生失误。他曾把宗教启示比喻为人的"总的感官"和"阀门"，它既能使人认识万事万物，又能防止人走向极端，纠正认识上的失误。他认为，人的理性只能认识事物和现象的次要的本质，而无力认识真主的本质属性（德性），它们是超验的，高于理性的，不能凭借人的理性认识，而应当坚信不疑。

第三是主张大力发展科学。人们时常认为，宗教与科学是两种对立的世界观，实际上宗教信仰同样是作为认知主体的人的行为，它与科学并非简单的对立关系。由于宗教信仰强调内心诚信，注重直觉体验，它与实证的自然科学属于不同的领域，而如何协调二者间的关系也就成为宗教哲学一项永久性的使命，近代以来尤感迫切。历史上为协调二者的关系，有的穆斯林学者曾提出过著名的"双重真理"之说，认为真主启示的真理即宗教信仰，真主创造的真理即自然科学，二者皆源自真主，并无矛盾。阿布杜同样以此为立论根据，呼唤国人重视科学，改变贫困落后的面貌。他曾明确提出，真主为我们降示了两部书：创造的自然之书和启示的神圣经典，后者引导我们用智慧来了解前者。所以，发展科学，洞察大自然的奥秘，正符合真主启示的本意，而通过科学探索，人们既能认识到真主的伟大和万能，又能把握自然规律，造福于人类，我们完全有理由相信宗教是科学的良师益友。

(3) 改革教育的尝试

如同印度的阿赫默德汗一样，阿布杜也是位教育救国论者。他一生的绝大部分时间是在从事教学工作，为改革教育体制、发展教育事业，付出了巨大的努力。阿布杜认为，教育不发达、愚昧无知，是埃及民族落后的根本原因之一。为改变落后状态，他认为必须重视民族启蒙教育和文化科学教育，唯此埃及民族才有出路和希望。

先说民族启蒙教育。阿布杜认为，埃及人民曾有过辉煌的历史，阿拉伯文明曾经对人类文明作出过巨大的贡献。但近代以来阿拉伯文明渐趋暗淡，埃及青年人对自己的文化传统所知甚少，因而需要对他们进行民族传统教育，激发爱国主义热情。他在教学、著述、演讲中，经常谈及埃及民族兴衰荣辱的历史遭遇，启发人们回顾历史、面对现实、展望未来，寻求民族复兴之路。他尤为重视复兴阿拉伯文化，为此他于1900年成立了"阿拉伯文化复兴学会"，自任会长。在学会的赞助下，出版了一批阿拉伯文著作，其中影响较大的有两部修辞学著作和一套17卷本的"阿拉伯语言学丛书"。他把复兴阿拉伯语文与复兴伊斯兰教相联系，因为阿拉伯语是《古兰经》的语言，是伊斯兰教的基础，而宗教复兴与民族复兴是一回事。

再说文化科学教育。早在青年时代，阿布杜就热心于教育事业，立志改革艾资哈尔大学，认为艾资哈尔改革了，伊斯兰教也会随之发生根本性的变化。在校学习时，他曾向校长提出增设一些现代学科的建议，被断然拒绝。这使他认识到，若没有当权者的支持，教育改革决无可能。1892年，他乘新旧总督交替之际，向政府提出教改方案，直到1895年才有了结果：他被任命为政府教育事务代表，参与艾资哈尔大学的领导工作。在他的积极努力下，这所大学面貌一新，师资待遇和学生的生活条件得到改善，改进了教学方法，课程设置上增设丁数学、代数、几何、作文、语法、修辞、伊斯兰教史等新学科。阿布杜兴高采烈地看到这些可喜的变化，他相信只要坚持教改方向，艾资哈尔一定能赶上当时欧洲第一流的大学。但改革的阻力极大，在校方保守派的阻挠下，埃及当局终于向保守势力让步，改革艾资哈尔大学的尝试以失败结束。

作为一位埃及民族主义者和伊斯兰现代主义者，阿布杜曾在埃及近代史上产生过广泛的影响。他领导的现代主义运动，不仅对埃及，而且对整个北非的伊斯兰教改革，都产生过重要的方向性的影响，从此现代主义思潮在许多阿拉伯国家成为主要的宗教社会思潮，至今影响犹在。阿布杜去世后，其思想传统由他的得意弟子、叙利亚学者拉希德·里达所继承。

4. 伊克巴尔与伊斯兰现代主义

巴基斯坦著名诗人、哲学家穆罕默德·伊克巴尔（1877—1938），又是一位颇有影响的宗教思想家。他以宗教的虔诚、诗人的浪漫、哲人的哲理构筑了一个较系统的宗教哲学体系，成为20世纪伊斯兰现代主义的主要代表人物。

（1）简略生平

伊克巴尔出生于今巴基斯坦旁遮普省锡亚尔科特地区一中产阶级家庭，父母都是虔诚的穆斯林。早年受过传统的宗教教育，深受苏非神秘主义思想的影响。1897 年毕业于拉合尔大学，后留学于英国剑桥大学和德国慕尼黑大学，获得哲学博士学位。留学期间，他广泛地接触了欧洲哲学、科学、文化，受到欧洲启蒙运动、宗教改革运动的影响，对他世界观、人生观的形成影响至深。伊克巴尔于 1908 年回国，在母校拉合尔大学教授哲学、英国文学和阿拉伯语文。旋又放弃教学活动，积极投入政治运动、哲学研究和文艺创作，曾因提出著名的"两个民族"理论（详见下文）引起政界的注意。1930 年当选为"全印穆斯林联盟"年会的主席，并代表联盟出席 1931 年于伦敦举行的英印谈判的"圆桌会议"。以后长期致力于巴基斯坦建国理论的宣传活动。1938 年病逝。伊克巴尔博学多才，著述颇丰。他曾用乌尔都文、波斯文、英文写过许多富有激情的诗歌，留有《驼队的铃声》等 10 部诗歌集。哲学名著有《伊斯兰宗教思想之重建》、《自我的秘密》、《无我的秘密》、《波斯形而上学的发展》等。

（2）宗教哲学思想

伊克巴尔作为一位伊斯兰现代主义的宗教思想家，其宗教思想以思辨主义为基本特色。他力图在融合东西方文化传统的基础上，创建一个独特的宗教哲学体系，作为伊斯兰教信仰体系的基石，这在东方穆斯林学者中是绝无仅有的。对此，他在哲学代表作《伊斯兰宗教思想之重建》一书中，作了系统的阐述。

伊克巴尔认为，当今的时代已进入科学与理性的时代，但科学、哲学和宗教属于不同的领域，各有其研究对象和方法论。科学和哲学可以作为宗教的补充，但它们不能回答关于宗教信仰的全部问题。他指出，现代西方宗教哲学为证明上帝存在而提出的宇宙论、目的论、本体论三种主要论证，皆不能自圆其说，原因在于它们在认识论上总是把思维与存在看作互相分离的两个东西。有鉴于此，伊斯兰教的宗教哲学必须另辟新路，而它的前提就是要证明人的思维与存在实为一体。伊克巴尔所说的"新路子"，实际上是在坚持伊斯兰教基本信仰的前提下，从现代西方科学、哲学的高度，重新解释、修正和补充伊斯兰文化传统，包括宇宙观、本体论、知识论和全部信仰体系，达到"重建"伊斯兰宗教思想的目的。唯此，伊斯兰教才能克服困境，生机勃勃，富有时代精神，这是他的基本出发点。

伊克巴尔的宗教哲学体系的基本概念称为"自我"，这是他在苏非神秘主义信仰基础上提出的一个核心概念。它既用来指称信仰者个体，又用来指称信仰的对象真主安拉。对信仰者个体，"自我"指的是信仰者的灵魂、心灵或生命；对信仰对象，"自我"指的是真主的德性和美名，称为"终极自我"、"终极实在"、"创造自我"、"绝对自我"。伊克巴尔把信仰者个人和真主皆称为"自我"，正是为了论证二者之间的亲密关系。他明确提出："人类自我"作为真主的造化物，其自身完全取决于作为"最高自我"的真主，个人只有在心灵、灵魂上与真主沟通才能认识真主，达到精神与物质、肉体与灵魂、理想与现实、知与行的最终统一。这便是伊克巴尔所说的"思维与存在实为一体"的含义。

　　首先，关于作为真主指称的"自我"。伊克巴尔是在反思传统的宗教哲学的基础上提出这一概念的。他认为历史上正统的艾什尔里学派有明显的局限性。该派所提出的称为"原子论"的创世说，尽管肯定了真主是从创造最小的物质因素原子开始创造宇宙大千世界的，但它只承认原子的不断聚合和离散，而否认原子在宇宙空间位置上的移动，故不足以解释现代物理学公认的物体的运动。此外，它只承认原子这一单一系列的物质存在，而视灵魂为不能自立的"偶性"，故不足以解释作为观念存在的精神现象、心理现象、宗教现象。据此伊克巴尔认为，不能满足于艾什尔里学派的宇宙论，而应在苏非派认主学的基础上发展新的宇宙论。

按照新的宇宙论的观点，伊克巴尔对真主安拉的德性作了三方面的解释。第一，作为"终极自我"、"终极实在"的安拉，意指真主的个性或独特性，即"真主独一"。也就是说，必须深信真主是作为宇宙万物本源的独一实在和最初原因，万事万物皆源自这一最高实在。而最高实在作为人类全部经验知识的根基，其本性是精神性的，是"理性引导的创造意志"，犹如人的心灵、灵魂，所以称为"自我"。因而，人们在诚信真主独一的同时，还必须承认真主的行为、意志是完全符合理性的。第二，称为"创造自我"的安拉，指的是真主的创造德性。在这里伊克巴尔强调，真主作为最高实在，有独具的、无限的创造潜力，而从真主自身中不断释放出来的"自我实体"，即宇宙间的万事万物。由于创造是个理性主义过程，因而作为造化物的宇宙世界是井然有序的，分为高低不等的存在序列。但序列品级上的差异并非真主所前定，而是后天进化的结果。第三，称为"绝对自我"的安拉，强调的是真主的绝对性，而非真主"无所不在"。伊克巴尔根据《古兰经》光节经文（24：35）指出，经中以"光"来比喻安拉，是因为光速无以伦比，光普照大地、滋养万物，最近似安拉的绝对性，而人们通常所说的真主"无所不在"，易使人产生误解，对真主的存在方式作泛神论的解释，故不可取。

其次，关于人类自我。人类在安拉创世计划中的位置何在？这是宗教哲学必须回答的重大问题。伊克巴尔根据有关经文（20：115；2：30；6：165；33：72）得出结论：人是真主的特殊选民，是真主在大地上的代理人和自由人格的体现者。既然《古兰经》尤为重视人的个性，强调个人应对自己的行为负责，而个人的人格取决于人类意识的统一体——灵魂或心灵的活动，所以应当高度重视灵魂问题。但纵观伊斯兰教思想史，伊克巴尔发现，唯独苏非神秘主义较为重视人的灵魂或心灵的认知功能，认为直觉体验的神智知识是信仰知识的重要源泉之一。据此伊克巴尔指出，尽管现代心理学尚不能就神秘的心理现象作出科学的解释，但其重要性仍不可忽视。

伊克巴尔重视苏非神秘主义经验知识，正是为了通过这种信仰知识来确定人主之间的正确关系。为了重新肯定和恢复苏非信仰知识的地位，他以自己的研究成果对此作了系统的论证。他把人类知识界定为经验知识，而经验在时空中体现为物质、生命、心灵或意识三个层次，分别属于物理学、生物学和心理学范围。他认为宗教经验知识同样是可信的知识，但宗教信仰知识既以天启为基础，故在认知方式上又不同于实证的自然科学和思辨的哲学知识，它是以真主所特有的方式来认识真主，即凭借情感、意识、心灵上的沟通来"破解"安拉的奥秘。所以，只能以非实证、非逻辑式的内在方式即直觉体验为认知方式。继之，伊克巴尔指出，直觉体验作为一种认主方式为苏非派所首创，历史上苏非文献中所记述的苏非经验知识的种种特征，如它的直接性、整体性、交融性、不可言传只能意会的神秘性等等，极大地丰富了人类的宗教意识、宗教情感、宗教经验。伊克巴尔还根据有关经文（17：8）提出，所谓灵魂或精神实为真主的一种奥秘，常人既无体验，也无从了解，但近主者可获得丰富的真知。为此，求知者需有近主意识、证主意识，舍此无法求得真知。

伊克巴尔在总结苏非经验知识的基础上，用现代哲学语言概括了"人类自我"的四个特征：

第一，人类自我的自显性和统一性。"自我"（心灵）作为人类经验的有限中心，自显为人的心态有机的统一体（意识），人的各种不同的心态并非孤立的存在的，而是互相关联、交织在一起的。自显，即心理状态的外露，而内心体验即"工作中的自我"。所以，只有经过对自我意识深层中的经验加以解释，才能了解自我，达到自我。

第二，人类自我的精神性和无限性。"自我"实为人的心灵，它不同于物质，物质实体可以分割，而心灵是意识的统一体，无从分割。心灵又不同于肉体，肉体活动不能超越时空的限制，而心灵的遐想可以漫无边际，不受限制。

第三，人类自我的私有性。个人的心理活动，所揭示的只限于个人的意识。一个人的情思、态度、意愿、追求，只是个人心态的外露，他人无法代替。当个人面临着多种不同的选择时，"真主也不能代替他的情感、判断和抉择"。

第四，人类自我的双重功能。"自我"作为人的内省经验体系的中心，实际上又是行为体系的指挥中心，而人的肉体活动不过是灵魂或心灵的一种习惯或行为的"累积"。既然人的知识和行为皆源自心灵或灵魂，所以"自我"具有双重功能，这便是精神与物质、肉体与灵魂、知与行的统一。

（3）宗教改革思想

伊克巴尔深信，伊斯兰教本质上是一种文化运动，它充分体现了发展与进化的观点。伊斯兰教从毫无知识传统的阿拉伯半岛兴起，而成为影响广泛的世界性宗教，就是最有力的证明。近代伊斯兰教何以沉落？伊克巴尔认为，原因有三。一是阿巴斯时代保守派对唯理派的批判，束缚了理性主义的自由发展，导致宗教思想日趋僵化、守旧；二是后来兴起的苏非神秘主义虽为唯理派的同盟军，但它的消极遁世思想迷惑了穆斯林大众的心灵，使他们在信仰上误入迷途而无力自拔；三是13世纪由于游牧民族蒙古人的入侵，伊斯兰文明遭到严重毁坏，伊斯兰教界在失去政治庇护的逆境下，思想上更加保守，企图在固守传统中保存实力。总之，根本原因在于伊斯兰教丧失了前进的动力。因而，伊斯兰教需要回顾过去、正视现实、面向未来，为自身开辟前进的道路。为此，伊克巴尔主要提出了下述改革思想：

首先，需要有勇于进取、大胆开拓的精神。伊克巴尔认为，宇宙万物处于不断发展、进化之中，人类要生存就必须不断地适应外界环境的变迁，为此需要不断的创新以保持活力。他把这种不断进取的精神称为伊斯兰教所固有的"运动原理"，即作为早期伊斯兰教法原则之一的"创制"。相信只要坚持"创制"精神，伊斯兰教便可避免僵化、永葆青春常在。据此，他对教法渊源加以灵活的解释，指出：《古兰经》启示指明了立法的基本原则，但它并非包罗万象的法典，后人仍有广阔的活动余地，根据当代的生活条件，对其精神予以新的解释；圣训虽很重要，但其中涉及立法内容的圣言、圣行并不多，而且圣训本身已注意到不同民族的传统习惯，今人不宜生搬硬套；公议实为最重要的法律原则，却未能形成一种制度，故应当成立一个穆斯林立法会议，使之成为一种立法制度；而类比推理今天显得尤为重要，中世纪教法学家所谓"创制大门关闭"之说纯属虚构，毫无历史根据。推理，实际上就是"创制"，也就是应大力予以弘扬的"运动原理"。伊克巴尔还指出，土耳其人民以革命方式推倒旧制，建立共和民主制度以及革命后的种种创举，都是运用"创制"原理的范例。他深信，巴基斯坦人民有一天也会像土耳其人民一样，重新审视自己的宗教文化遗产，努力奋进。

其次，需要发扬自由、平等、团结精神。伊克巴尔坚信，较之物质，精神更加重要，物质植根于精神才有形态，才有本质。伊斯兰教从认主独一的基本信仰出发，认为实现认主独一、世界一体，最有效的思想莫过于坚持自由、平等、团结精神，而物质形态的国家不过是一种有限的人类组织形式，其职能是实现伊斯兰教的社会理想。在这个意义上可以认为，伊斯兰教所主张的国家形态，是一种政教合一的神权政体，而政教分离的民族国家是二元论的，难以把对民族的忠诚和对真主的忠诚统一起来，故不可取。但神权政体只是对真主主权的尊重，并不一定意味着专制独裁。相反，应当使它成为一个有益于自由、平等、团结的政治制度，因为共和制政府不仅符合伊斯兰教的精神，而且也是完全必要的和切实可行的一种制度。

第三，提倡伊斯兰民族主义。在印巴次大陆近代历史上，伊斯兰教与民族主义的关系问题，一度成为热烈争论的政治主题，计有三种不同的观点。一种倾向于泛伊斯兰主义，认为伊斯兰教不受民族、语言、地域的限制，应当创造条件，使整个印巴次大陆成为一个统一的伊斯兰政治实体。一种倾向于"合成"民族主义，认为伊斯兰教对人类文明的主要贡献是它的人道主义精神，人类各个民族之间是一种亲如手足的兄弟情谊，大家应当和睦相处、平等相待、团结互助，共同建设自己的家园，而不应当由一个民族统治其他弱小的民族，或建立分离的民族国家。第三种观点以伊克巴尔为代表，他既反对泛伊斯兰国家的设想，又反对统一的多民族国家的主张。伊克巴尔明确区别泛伊斯兰政治实体与泛伊斯兰团结意识，认为泛伊斯兰哈里发政治制度不合时代潮流，是一种陈腐观念，而基于共同信仰之上的世界穆斯林各族人民的团结仍有积极意义。他曾明确提出，今天仍处于苦难之中的世界穆斯林各民族，应当深刻地自我反省，暂时只关注自己的事情，直到大家都强大起来再考虑建立民族大家庭。他曾深刻地指出，未来的穆斯林民族大家庭必须以民族主义为基础，它既不是狭隘的民族政治实体，也不是重建世界性的哈里发帝国的梦幻。

伊克巴尔还把他的穆斯林民族主义理论应用于印巴次大陆的政治现实。继阿赫默德汗之后，他以更明确的语言提出了印巴分治的政治主张，为独立的巴基斯坦的建立奠定了理论基础，指明了前进方向。这一理论基础称为"两个民族"理论。1930年，伊克巴尔在阿拉哈巴德穆斯林联盟年会发表演说时提出：伊斯兰教不仅是理想的伦理准则，而且也是一种以法制为基础的社会制度，它所肯定的宗教秩序与社会秩序密不可分。他还提出，信奉伊斯兰教的民众与信奉印度教的民众构成印度的两大民族，各有自己的文化传统、生活方式、民俗习尚，难以共同生活，只能各自为政。他还为未来的巴基斯坦国家规定了边界。他的构想未能立即为"全印穆斯林联盟"所接受，但由于印度的政治问题久经谈判而未有结果，终于使

"穆斯林联盟"断然走上政治分离主义道路。1940年，"穆斯林联盟"主席阿里·真纳在英国报刊《时与潮》上撰文阐释"两个民族"理论，要求英国政府为印度颁布一部宪法，确认印度有两大民族，实行民族区域自治。同年3月于拉合尔会议上，"穆斯林联盟"正式通过"两个民族"理论和关于建立巴基斯坦的决议。1947年6月，英国政府公布"印巴分治"方案，从此巴基斯坦宣告独立。

结束语

　　一部伊斯兰教近代史，实际上也是一部世界穆斯林各族人民政治斗争的历史。由于被压迫民族与帝国主义、殖民主义的矛盾已上升为社会的主要矛盾，反对民族压迫、争取民族独立也就成为时代潮流和时代精神的体现，它也是近代伊斯兰教的主要内容。所以从世界范围看，近代伊斯兰教的基本形态明显不同于相对稳定状态的中世纪时期，而主要表现为连续不断的宗教思潮和宗教运动的蓬勃兴起。这是处于动荡时代的曾长期作为主体文化方式的伊斯兰文化精神的必然反映。

　　由于历史条件的限制，这些思潮和运动难免带有种种的局限性，而且大多以失败告终。但从历史发展的眼光看，它们不仅在一定程度上促进了东方被压迫民族的解放事业，而且在很大程度上改变了传统伊斯兰教的形态、趋向和功能，为之增添了巨大的活力，使之得以适应不断变化的外部环境的需求。

近代是中世纪与当代的联结点，近代伊斯兰教具有承上启下的作用。所以我们在结束本书时，不妨从宗教传统历史连续性的视角，简略回顾一下近代伊斯兰思潮和运动对当代伊斯兰教的影响。

首先，从宗教形态上看，制度化的伊斯兰教得到明显的加强。历史上伊斯兰教主要有两种形态。一是以经注学、圣训学、教法学、教义学为主要体现的"官方"伊斯兰，因其以宗教典制为保证，不妨称为制度化的伊斯兰教。二是带有地方特色和泛神崇拜倾向的苏非神秘主义信仰，因其信徒主要是下层民众，可称为"大众伊斯兰"。13 世纪以后，由于外族入侵，制度化的伊斯兰教因失去强有力的政治庇护，加之宗教思想趋于僵化，影响渐衰，削弱了与下层民众的联系。与此同时，代之而起的苏非主义则成为民众信仰的主要形式，影响甚广，它与"官方"信仰形成相辅相成、互为补充的格局。但自近代以来，随着瓦哈比运动和新苏非主义的兴起，传统的苏非主义被视为伊斯兰教衰落的根源之一，遭到严厉批判，影响日衰。伊斯兰教内部对苏非圣徒崇拜、圣墓崇拜及消极遁世人生态度的批判、革新，极大地增强了制度化的伊斯兰教的地位和影响，使之成为世界穆斯林宗教生活的基本形式。这一巨大变化是一种时代的要求和选择，它表明伊斯兰教只有同时代的发展潮流相协调、相趋同，才能保持活力。

其次，从宗教趋向上看，复兴与改革成为伊斯兰教内部的主要潮流。这一趋向性的变化是由两股不同的潮流所引起的，沿着不同的方向向前发展。一是以新兴的瓦哈比派为代表的原教旨主义潮流，强调正本清源、返朴归真，净化信仰、消除腐败。二是以各地的改良派为代表的现代主义潮流。现代改良派也都是虔诚的穆斯林，但他们大多受过西方的现代教育或影响，视野较为广阔，观念较为开明，对外来文化采取开放态度，加以融合、吸收、利用。原教旨主义和现代主义都主张复兴与改革，但二者又有明显的区别。原教旨主义对外来文化采取抵制态度，它所欲"改革"的是离经叛道的行为和异端邪说，而它所欲"复兴"的是早年伊斯兰教的纯洁性、朴素性。也就是说，它所提倡和维护的是前现代的伊斯兰教传统，因而与现代主义是格格不入的。但值得注意的是，现代主义并非统一的思潮，在有的流派如以阿布杜为代表的沙拉非叶派内部，也有回归传统的倾向，也采取

"托古改制"的方式。原教旨主义派与现代改良派最初并未发生激烈的冲突，但到 20 世纪，由于对外来文化采取截然不同的态度，二者间的矛盾终于爆发。当然，当今的原教旨主义运动同近代历史上的瓦哈比运动有明显的差异，但从思想渊源上看，则是同它一脉相承的。当代穆斯林世界世俗主义、民族主义与原教旨主义的尖锐对立及此消彼长格局的形成，概因近代历史上伊斯兰教内部对外来文化所取的两种对立的态度。

第三，从宗教功能上看，伊斯兰教更加明显地表现出诸多不同的功能。在漫长的中世纪，伊斯兰教主要有两种社会功能。一是社会整合功能。伊斯兰教作为一种宗教信仰体系，通过教义、教法、礼仪、制度，形成一种具有内聚力的文化方式、生活方式，发挥了强有力的社会整合作用，极大地促进了穆斯林社会的一体化，穆斯林大众的信仰认同也是对国家、社会的认同。二是社会解体功能。由于伊斯兰教中包含有许多有关自由、平等、正义以及扬善止恶、反对剥削压迫、奢侈腐化等内容，所以每当社会出现暴政和丑恶现象时，穆斯林大众常以伊斯兰教为旗帜举行起义，直到推翻不义的君主。此外，伊斯兰王朝改朝换代的斗争，也常以宗教为旗帜。

近代以来，在各种不同的宗教复兴与改革运动中，伊斯兰教社会功能得到更充分的体现，各种社会力量都企图利用伊斯兰教的影响来达到某种目的。由于统一的伊斯兰政治实体早已不复存在，而各地文化背景、社会发展进程差别很大，伊斯兰教的社会功能也因时而异、因地而别。概括起来主要有以下几种功能。一是社会整合功能。在某些分散的部落社会，如在西非和东非，由于伊斯兰教在部落民中的传播，共同的宗教信仰逐渐取代了原始拜物教，为统一的民族国家的形成奠定了基础。二是政治统一或民族分离功能。如今沙特阿拉伯王国便是在瓦哈比教义的基础上，以"圣战"方式建立的政教合一的国家，而巴基斯坦则是以穆斯林民族分离主义为立国的理论依据建立的独立的主权国家。三是信仰认同功能。阿富汗尼领导的泛伊斯兰运动，增强了世界穆斯林的团结意识和信仰认同意识，曾对被压迫的穆斯林民族的解放起过积极作用。但由于这种团结意识是以共同的宗教信仰为基础的，而明显不同于以共同的血缘、语言、疆界为基础的世俗民族主义，也有不利于民族团结的一面。所以 20 世纪以来，随着世俗民族主义的兴起和一系列现代民族国家的建立，泛伊斯兰主义与民族主义成为热烈争论的政治主题，在一些多民族国家里直接影响国家的政治生活、社会安定和民族团结。四是社会参与功能。伊斯兰教是两世兼重的宗教，宗教对社会历来有干预作用，但长期以来它的社会参与功能只限于有名望的宗教学者，一般信徒很少直接过问国家大事。近代伊斯兰运动兴起后，开始重视伊斯兰教的政治性、社会性、行动性，普通穆斯林的政治与社会参与意识明显增强。进入 20 世纪以后，在反对殖民主义、争取民族独立的斗争中以及在独立后国家的政治建设中，出现了许多具有明确的政治纲领的伊斯兰教政党和组织，成为参政、议政和政治斗争的工具。五是社会协调功能。近代以来随着伊斯兰现代主义的兴起，伊斯兰教逐渐恢复活力，以灵活变通的方式协调与外部环境的关系，适应主义成为宗教思想的主流。第二次世界大战后，大批穆斯林国家取得独立，以民族主义、现代主义为指导原则，实行了许多政治改革、社会改革，伊斯兰教成为协调国家政策的重要工具。

历史是一面镜子。历史经验对现实具有启迪和借鉴作用。从近代伊斯兰运动中，人们可以获得许多有益的经验教训，其中至关重要的一条，就是一个国家、一个民族欲生存、发展，必须以批判与继承相结合的态度来对待自己的文化传统。无视本民族的文化传统，而全盘照搬外来文化，是完全行不通的。反之，对本民族的文化缺乏批判和扬弃，对外来文化采取封闭的态度，也同样不利于民族文化的发展。在当今科技高度发达的时代，现代化与发展已成为时代潮流，伊斯兰教欲适应时代发展潮流，就必须使自身成为一个向外开放的体系，在坚持自身传统的同时，大胆吸取、利用一切有益的人类文化成果。这既是现实的要求，也是历史的结论。